L'élection de Nicolas Kilchoer à la préfecture de la Broye (2016)

Alain Chardonnens

L'élection de Nicolas Kilchoer à la préfecture de la Broye (2016)

Presses universitaires du Canada

*Je préfère être capitaine de ma région
que lieutenant du Conseil d'Etat*

Nicolas Kilchoer

Introduction

Au mois de novembre 2016, les électeurs fribourgeois sont appelés à renouveler leurs autorités (députés, préfets et conseillers d'Etat). Dans la Broye, les défis à relever sont importants, comme l'expose Delphine Francey dans *La Liberté*. Ainsi, le district a vu sa population croître de manière significative. « La Broye fribourgeoise connaît depuis plusieurs années une démographie galopante. Le district est passé de 26 000 à 31 000 habitants de 2009 à août 2016 »[1], écrit la journaliste. Mais, depuis quelques années, la région est moins attractive. L'absence de perspectives professionnelles est telle que les médias évoquent le risque probable de « région-dortoir »[2]. Les grandes entreprises ne s'y installent plus ; il n'y a pas de projets d'envergure en vue. « Durant ces cinq dernières années, la Broye a connu davantage d'échecs que de réussites, à l'image du déménagement de l'entreprise Farmwood de Forel à Payerne, de la fermeture du site d'Elanco à Saint-Aubin ou encore d'Ikea qui renonce à installer un magasin à Bussy. »[3] A cette situation, il faut encore ajouter la faillite de l'entreprise S3, à Payerne, au retentissement national. Un des problèmes majeurs a trait aux difficultés d'extension de nouvelles zones

---

[1] Francey, Delphine : « Favoriser de nouvelles implantations », *La Liberté* du 1er octobre 2016, p. 18.
[2] *Ibid.*, p. 18.
[3] *Ibid.*, p. 22.

industrielles, bloquées par la loi sur l'aménagement du territoire qui interdit le dézonage de terrain agricole sans compensation. La dernière parcelle à vocation industrielle vient d'être vendue à Domdidier. On trouve cependant encore des espaces à équiper entre Sévaz et Lully, à Saint-Aubin, ainsi qu'à Estavayer-le-Lac. Mais les choses n'ont pas bougé depuis des années. En effet, plusieurs terrains appartiennent à des privés qui ne désirent pas entrer en discussion.

Le district n'est pas partout décloisonné. Si la cadence des trains s'est nettement améliorée entre Fribourg et Yverdon-les-Bains, les localités périphériques ne sont pas encore desservies de manière optimale par les transports publics.

Le visage politique de la Broye a aussi changé : des 43 communes en 1998, année des festivités organisées à l'occasion des 150 ans du district, on n'en dénombre plus que 19. Certaines fusions ont été plébiscitées : on parle maintenant du Grand Estavayer pour évoquer les 6 communes qui se sont regroupées autour du chef-lieu[1]. D'autres fusions cependant ont été vécues dans la douleur, comme à Domdidier, où elle n'a été acceptée qu'à quelques voix près. Bernhard Hugo a cherché à mettre en garde ses concitoyens durant des mois contre les dommages causés par un tel processus en présentant ses arguments sur son site Internet et dans son ouvrage[2]. Cyrille Corminbœuf, ancien vice-syndic, a recouru devant le Tribunal cantonal, puis fédéral, pour éviter la fusion de Domdidier avec Dompierre, Léchelles et Russy[3]. Les blessures sont encore vives dans la région.

---

[1] Gilliand, Rémy : « Le nouveau visage du district », *La Broye Hebdo* du 5 janvier 2017, p. 5.

[2] Hugo, Bernhard : *Fusions de communes. Le holp-up « parfait »*. Domdidier, Editions de l'Ermitage, 2016, 434 p.

[3] Tribunal fédéral suisse (juges fédéraux Fonjallaz, Chaix et Kneubühler) : *Arrêté du 2 mars 2015 de la Ire Cour de droit public. Recours contre l'arrêt de la Ire Cour administrative du Tribunal cantonal de l'Etat de Fribourg du 15 janvier 2015. Cyrille Corminboeuf contre Commune de Domdidier et*

Ailleurs, des regroupements de communes n'ont pas connu le succès escompté, comme le relève Rémy Gilliand : « L'année 2015 a aussi vu les échecs des projets de fusion à 4 communes : Saint-Aubin, Delley-Portalban, Gletterens et Vallon (27 septembre). »[1] Le journaliste ajoute que « le projet de fusion des Verdières, qui aurait pu unir Cugy, Fétigny, Ménières, Les Montets et Nuvilly a aussi capoté le 27 septembre 2015. »[2] Les citoyens affichent une certaine méfiance à l'égard d'entités administratives plus vastes.

Plus grave encore, les 11 députés broyards ne se montrent pas unis pour défendre le district à Fribourg. Comme le déclare Valérie Piller Carrard, conseillère nationale, « lors de la législature en cours, les députés ont davantage mené une politique partisane [...]. Pour être efficace, il faut une députation unie. »[3]

C'est dans ce contexte socioéconomique plutôt morose que les Broyards ont à choisir leur nouveau préfet à la fin de l'année 2016.

Conseil d'Etat du canton de Fribourg. Lausanne, 2 mars 2015, 6 p., 1C_105/2015.
[1] Gilliand, Rémy : « Le nouveau visage du district », *La Broye Hebdo* du 5 janvier 2017, p. 5.
[2] *Ibid.*, p. 5.
[3] *Ibid.*, p. 22.

Chapitre I

L'annonce de la démission du préfet Christophe Chardonnens

Le samedi 14 novembre 2015, Christophe Chardonnens annonce aux syndics présents son intention de ne pas se représenter pour un quatrième mandat à la préfecture du district de la Broye fribourgeoise.

Le 17 novembre, le magistrat organise une conférence de presse, confirmant les rumeurs qui bruissaient depuis lors dans les allées du Comptoir intercantonal de la Broye, à Payerne. Agé de 48 ans, il estime qu'il s'agit du moment opportun pour se donner de nouvelles perspectives professionnelles : « Même si j'adore mon travail, je sens une certaine usure et de la répétition »[1], déclare-t-il. A la question de savoir s'il visait une autre charge publique, Christophe Chardonnens répond : « Non, je n'ai ni l'intention de me porter candidat pour le Conseil d'Etat, ni pour l'exécutif et le législatif de ma commune, à savoir Estavayer. » Au journaliste Christian Aebi du quotidien vaudois

---

[1] Francey, Delphine : « "Je sens une certaine usure" », *La Liberté* du 18 novembre 2015, p. 15.

24 Heures, il déclare : « J'ai fait mon temps, j'ai envie de me lancer de nouveaux défis. Je n'ai rien de précis en vue. »[1]

Rémy Gilliand, de l'hebdomadaire *La Broye*, rappelle que Christophe Chardonnens avait été élu en 2011 avec 78,65% des suffrages face à Alfons Gratwohl, l'ancien syndic de Surpierre[2].

Le bal des prétendants est dorénavant ouvert. Président du PLR broyard, Damien Corminboeuf annonce que le nom d'un candidat « sera dévoilé en temps opportun. »[3] Le parti est bien décidé à garder la préfecture. L'entrepreneur Jean-Daniel Chardonnens, président de l'UDC du district et futur député, déclare quant à lui : « Oui, nous avons quelqu'un qui s'est dit intéressé. Il est trop tôt pour divulguer son nom. »[4] Du côté du Parti socialiste, Valérie Piller Carrard, conseillère nationale et présidente de la formation politique de gauche dans la Broye, avoue aux médias avoir été prise de court : « Nous n'avons pas encore de candidats. Nous devons avoir une discussion. S'il y a des opportunités, on devrait alors être de la partie. »[5] Le PDC est alors la seule formation politique qui affiche une stratégie claire : Nicolas Kilchoer, président de la section démocrate-chrétienne du district, avance : « Nous allons très certainement présenter un candidat. Nous avons plusieurs personnes en vue. »[6] Il salue l'annonce du préfet : « Il est honorable de la part de Christophe Chardonnens d'annoncer ses intentions maintenant. Ça laisse du temps aux partis pour se préparer aux

---

[1] Aebi, Christian : « Le préfet Chardonnens ne rempilera pas en 2017 », *24 Heures* du 18 novembre 2015, p. 22.

[2] Gilliand, Rémy : « Le regard du préfet s'éloigne du château », *La Broye Hebdo* du 19 novembre 2015, p. 11.

[3] *Ibid.*, p. 11.

[4] *Ibid.*, p. 11.

[5] *Ibid.*, p. 11.

[6] Francey, Delphine : « "Je sens une certaine usure" », *La Liberté* du 18 novembre 2015, p. 15.

élections de la préfecture. »[1] Une année avant les élections, le PDC est le seul parti qui a anticipé un éventuel départ du préfet libéral-radical. Dès lors, le Château, siège du pouvoir broyard, retournera-t-il en mains démocrates-chrétiennes, occupé jusqu'en 2001 par Jean-Luc Baechler, père de l'inter-cantonalité, devenu juge fédéral ?

---

[1] *Ibid.*, p. 15.

Chapitre II

Un premier candidat à se déclarer : Nicolas Kilchoer

Le 11 février 2016, Nicolas Kilchoer est le premier candidat à manifester publiquement son intérêt pour succéder à Christophe Chardonnens. Ancien collaborateur scientifique au Parlement fédéral et au Grand Conseil fribourgeois, ancien cadre d'UBS SA, diplômé en économie, en droit et en sciences politiques des Universités de Bâle et de Neuchâtel, Nicolas Kilchoer est par ailleurs le syndic de Châtillon.

Il explique son programme à la presse : « Je veux m'engager pour notre région et la défendre, afin qu'elle soit plus présente dans un cadre cantonal fort et aussi par rapport à Lausanne. »[1] Au point de vue socioéconomique, il déclare que « beaucoup de pendulaires s'établissent dans la Broye, ce qui est une bonne chose pour la démographie. Cependant, il faudrait créer des emplois afin que ces personnes puissent travailler dans la région. J'aimerais me concentrer sur l'ancien centre de recherche en santé d'Elanco, à Saint-Aubin ou sur la zone

---

[1] Gilliand, Rémy : « Un candidat à la préfecture sort du bois », *La Broye Hebdo* du 11 février 2016, p. 11.

stratégique cantonale Rose de la Broye à Estavayer-le-Lac. »[1]
La construction d'un troisième cycle d'orientation à Cugy, davantage d'appartements protégés, de meilleures liaisons de bus
entre les différents villages broyards sont les autres priorités
présentes dans son programme. Mais le directeur associé de
Manag'eco GmbH, société spécialisée dans la gestion durable
et le développement d'entreprise, ne manie pas la langue de
bois. Il regrette les bâtons mis dans les roues de la Broye par le
gouvernement cantonal : « Le cas d'Ikea, s'insurge-t-il dans *La
Broye Hebdo*, m'est resté en travers de la gorge, avec 400 emplois à la clé. On peut être pour ou contre, il n'empêche que la
région n'a pas eu un mot à dire et le débat n'a pas eu lieu. Le
projet a purement et simplement été fusillé par les services cantonaux. Cela ne doit plus se reproduire. »[2]

Y a-t-il d'autres candidats PDC à briguer la préfecture ?
Nicolas Kilchoer répond de la sorte : « Ma collègue de parti
Micheline Guerry était également intéressée mais s'est retirée
jeudi passé pour des questions professionnelles. »[3] Le syndic
de Châtillon est dès lors le seul postulant démocrate-chrétien.
Comme le relève le journaliste Rémy Gilliand, « Nicolas Kilchoer sera en principe adoubé par son parti lors de l'assemblée
générale du PDC le 15 mars prochain à Estavayer-le-Lac. »[4]

Qu'en est-il de la stratégie des autres partis politiques en ce
début du mois de février 2016 ? Par la voix de son président,
Jean-Daniel Chardonnens, l'UDC déclare : « Nous sommes à la
recherche d'un candidat. Si on y va, c'est avec quelqu'un de

---

[1] Piller, Lise-Marie : « Nicolas Kilchoer vise le château », *La Liberté* du 12
février 2016, p. 13.
[2] Gilliand, Rémy : « Un candidat à la préfecture sort du bois », *La Broye
Hebdo* du 11 février 2016, p. 11.
[3] Piller, Lise-Marie : « Nicolas Kilchoer vise le château », *La Liberté* du 12
février 2016, p. 13.
[4] Gilliand, Rémy : « Un candidat à la préfecture sort du bois », *La Broye
Hebdo* du 11 février 2016, p. 11.

valeur. »[1] Il ajoute dans *La Liberté* : « Deux personnes étaient intéressées mais elles se sont désistées. »[2] Le PS se trouve dans la même situation : « Nous devons nous rencontrer prochainement. L'idée c'est de présenter quelqu'un. En tout cas pas un candidat alibi »[3], informe Violaine Cotting, vice-syndique de Domdidier, vice-présidente du Parti socialiste de la Broye, et future députée élue en novembre 2016. Damien Corminboeuf, président du PLR du district, annonce quant à lui que « le processus de recrutement s'est mis en place et suit son cours. Nous avons un candidat qui nous a demandé un temps de réflexion. Il est donc trop tôt pour le dévoiler. »[4] Lise-Marie Piller, stagiaire à *La Liberté*, croit savoir de qui il s'agit : Nadia Savary, syndique de Cugy, députée au Grand Conseil et présidente de l'Association des communes fribourgeoises. Elle retranscrit dans le quotidien régional les paroles de l'intéressée : « J'ai été approchée par le comité du parti mais je prendrai ma décision en mars. »[5]

Alors qu'en février 2016 le PDC s'est mis avec efficacité en ordre de bataille, les autres formations politiques n'ont pas encore trouvé le candidat idéal à engager dans les joutes électorales à venir. A ce stade de l'échéance préfectorale, l'avantage est nettement donné au PDC.

---

[1] *Ibid.*, p. 11.
[2] Piller, Lise-Marie : « Nicolas Kilchoer vise le château », *La Liberté* du 12 février 2016, p. 13.
[3] Gilliand, Rémy : « Un candidat à la préfecture sort du bois », *La Broye Hebdo* du 11 février 2016, p. 11.
[4] *Ibid.*, p. 11.
[5] Piller, Lise-Marie : « Nicolas Kilchoer vise le château », *La Liberté* du 12 février 2016, p. 13.

Chapitre III

Le début des guerres intestines au PDC

L'annonce de la candidature de Nicolas Kilchoer irrite certaines élites locales. Ainsi, Albert Bachmann, ancien syndic libéral-radical d'Estavayer-le-Lac qui avait quitté son parti pour viser, sans succès, un siège au Conseil d'Etat en 2011, annonce le 23 février 2016 sa possible intention de briguer la préfecture : « J'y réfléchis »[1], annonce-t-il dans *La Liberté*. « J'ai été approché mais je n'ai pas encore pris ma décision »[2], fait savoir l'ancien élu, occupant le poste de directeur de l'usine d'incinération des déchets Saidef à Posieux. Le passif est important entre l'ancien syndic de la Cité de la Rose, qui s'est investi dans la fusion entre le chef-lieu broyard et six autres communes environnantes, et le syndic de Châtillon, qui avait refusé de prendre part au processus.

Même au sein du PDC, des opposants à Nicolas Kilchoer incitent Micheline Guerry-Berchier à revenir sur sa décision, comme elle l'explique elle-même à la fin février à la journaliste Chantal Rouleau, de *La Liberté* : « A la suite du renoncement

---

[1] Rouleau, Chantal : « Albert Bachmann tenté par le château », *La Liberté* du 23 février 2016, p. 16.
[2] *Ibid.*, p. 16.

de me porter candidate à la candidature, j'ai reçu différents messages de soutien et de regret. »[1] La secrétaire générale de l'Association des communes fribourgeoises ajoute pour expliquer sa volte-face : « Cela m'interpelle et m'incite à reconsidérer ma position. Je ne prendrai cependant pas de décision avant d'en avoir discuté avec mon parti. L'intérêt de celui-ci est prépondérant. »[2]

Au début mars, le comité du PDC envoie une lettre à ses membres annonçant la candidature de Micheline Guerry-Berchier. C'est un changement total de stratégie : alors que le comité du parti avait annoncé il y a un mois par communiqué de presse la candidature unique de Nicolas Kilchoer, le voilà qui revient sur sa décision, écrivant à ses membres « se réjouir que Mme Guerry ait reconsidéré sa position et relève que l'organisation d'une primaire est positive. »[3]

Vincent Bürgy, journaliste à *La Liberté*, demande à la juriste saint-aubinoise ce qui l'a incitée à revenir dans la course : « Le soutien de la section de Saint-Aubin a été déterminant, explique-t-elle. La position que j'ai adoptée le 4 février dernier, à savoir de ne pas me porter candidate, a été difficile. J'avais pesé le pour et le contre, pour finalement choisir de privilégier mes opportunités professionnelles. Mais en aucun cas, je ne serais revenue sur ma décision si je n'avais pas été convaincue de ces soutiens internes et externes pour gagner la préfecture. »[4]

Vincent Bürgy lui demande de préciser qui sont ces « soutiens »[5]. « De nombreux messages d'encouragement m'ont été adressés. Un comité de soutien est en train de se mettre en

[1] *Ibid.*, p. 16.
[2] *Ibid.*, p. 16.
[3] Francey, Delphine : « Micheline Guerry change d'avis et vise le château », *La Liberté* du 12 mars 2016, p. 15.
[4] Bürgy, Vincent : « "Je ne regarde pas en arrière" », *La Liberté* du 14 mars 2016, p. 18.
[5] *Ibid.*, p. 18.

place, composé d'adhérents du PDC de la région et de membres de la société civile. Parmi ceux-ci, on trouve notamment l'ancien conseiller d'Etat, le Diderain Pascal Corminboeuf, et, si je suis désignée par mon parti, l'ancien syndic d'Estavayer-le-Lac, Albert Bachmann. »[1] Ce dernier met en garde Nicolas Kilchoer s'il remporte la primaire vers laquelle on se dirige : « Si elle n'est pas choisie, je serai un candidat potentiel. Que ce soit en indépendant ou pour un autre parti »[2], tonne-t-il dans les médias.

Chaque faction du PDC fourbit ses armes.

---

[1] *Ibid.*, p. 18.
[2] *Ibid.*, p. 18.

Chapitre IV

La primaire démocrate-chrétienne

La primaire tant attendue se déroule le mardi 15 mars 2016, à la salle staviacoise de l'Azimut. Chaque candidat présente son programme et ses priorités. Micheline Guerry-Berchier, ancienne secrétaire patronale de l'USAM, diplômée en droit et en administration publique, juriste aux compétences largement reconnues, paraphrase de manière brillante devant les membres de l'assemblée les célèbres propos de Martin Luther King : « J'ai fait un rêve d'une Broye meilleure, avec des communes fortes, une économie vigoureuse et une population heureuse. »[1] Elle ajoute : « Je suis déterminée en tant que femme, juriste et maman, avec mon expérience professionnelle. Je ne rêve pas seulement, je réalise et je veux offrir au canton sa première préfète. »[2]

Au point de vue politique, la Saint-Aubinoise explique qu'« en tant que secrétaire générale de l'Association des com-

---

[1] Gilliand, Rémy : « Deux femmes visent le château », *La Broye Hebdo* du 17 mars 2016, p. 19.
[2] *Ibid.*, p. 19.

munes, fédérer les communes fait partie de mon quotidien. »[1] Si les candidats démocrates-chrétiens défendent chacun un programme de centre droit, une différence notable se situe au point de vue des fusions de communes. Ayant reçu plusieurs mandats émanant de préfets ou de conseillers communaux, Micheline Guerry-Berchier met en valeur son expérience administrative : « Je me mets à disposition des communes qui souhaiteraient fusionner. »[2] Elle cite le projet abouti du Grand Estavayer qu'elle a piloté avec succès.

A contrario, Nicolas Kilchoer affirme que « tant qu'une commune fonctionne, elle peut évoluer. Il n'y a pas de taille idéale. »[3] Le fait que le village de Châtillon n'ait pas voulu entrer dans le processus débouchant sur le Grand Estavayer a engendré un sentiment de méfiance auprès de deux élus indépendants : Albert Bachmann, ancien syndic d'Estavayer, et Pascal Corminbœuf, ancien conseiller d'Etat diderain en charge des institutions, promoteur de la fusion des communes fribourgeoises.

Au moment du vote, Nicolas Kilchoer remarque la manœuvre de ses adversaires, comme il le confie à Philippe Castella, journaliste au *Matin Dimanche* : « Il y avait là plus d'un tiers des gens que je ne connaissais pas et qui avaient obtenu des bulletins de vote par procuration. »[4] Les partisans de Micheline Guerry-Berchier ont convaincu les membres du PDC, qui ne voulaient pas se déplacer et n'auraient ainsi pas voté, d'obtenir leur signature afin d'engranger un maximum de voix au moment du scrutin.

---

[1] Rouleau, Chantal : « Micheline Guerry l'emporte à la raclette », *La Liberté* du 16 mars 2016, p. 15.

[2] *Ibid.,* p. 15.

[3] *Ibid.,* p. 15.

[4] Castella, Philippe : « L'élection du préfet broyard est un pied de nez au PDC », *Le Matin Dimanche* du 4 décembre 2016, p. 9.

Lors du vote à bulletin secret, « Micheline Guerry l'emporte à la raclette »[1], comme l'écrit Chantal Rouleau. Le président de la section du PDC du district de la Broye obtient 51 voix, la secrétaire de l'ACF 53 voix.

Nicolas Kilchoer est battu sur le fil à la suite d'un procédé juridiquement légal, mais éthiquement contestable. Journaliste à *La Broye Hebdo*, Rémy Gilliand voit juste lorsqu'il avance que « la politique a ses raisons que la raison ignore, mais cette soirée risque de laisser quelques séquelles. »[2]

---

[1] Rouleau, Chantal : « Micheline Guerry l'emporte à la raclette », *La Liberté* du 16 mars 2016, p. 15.
[2] Gilliand, Rémy : « Deux femmes visent le château », *La Broye Hebdo* du 17 mars 2016, p. 19.

Chapitre V

Un duel de femmes ?

Un jour après la primaire démocrate-chrétienne, une nouvelle candidate, poids lourd de la politique régionale, se déclare pour succéder à Christophe Chardonnens : Nadia Savary, syndique de Cugy depuis 2005, députée libérale-radicale au Grand Conseil depuis 2009, présidente de l'Association des communes fribourgeoises. Cette ancienne institutrice est réputée pour son sens du consensus : « J'aime les relations humaines et défendre les intérêts de la population. En réalité, on est toujours venu me chercher. Que ce soit pour le Conseil communal de Vesin, pour la candidature de Cugy après la fusion, pour la députation broyarde et maintenant pour la préfecture. »[1], confie-t-elle à la journaliste Delphine Francey de *La Liberté*. Elle confirme sa solide connaissance des dossiers : « J'ai une vision globale. Je connais toutes les structures, à tous les niveaux, communal et cantonal. Je peux aussi compter sur un réseau politique auquel le préfet doit se référer. Et je connais les dossiers broyards car j'ai siégé dix ans au sein du comité de l'Association des communes broyardes, une année au comité

---

[1] Francey, Delphine : « Nadia Savary se porte candidate », *La Liberté* du 17 mars 2016, p. 21.

directeur de la Communauté régionale de la Broye et douze ans au conseil d'établissement du Gymnase intercantonal de la Broye. »[1]

Avec son slogan de campagne « Créons ensemble la Broye de demain »[2], Nadia Savary s'engage notamment en faveur des seniors : elle plaide pour travailler en synergie avec la Broye vaudoise. Outre l'économie, l'avenir du district lui tient également à cœur : « Le rôle des régions devra se renforcer. Le paysage broyard va changer en lien avec l'application de la LAT (loi fédérale sur l'aménagement du territoire), les conséquences de la réforme fribourgeoise de l'imposition des entreprises et les projets de fusion des communes. »[3]

La presse se réjouit de cette élection inédite à la préfecture entre deux femmes aux compétences reconnues. Urs Haenni écrit dans les *Freiburger Nachrichten* : « Chancen stehen gut für eine Oberamtfrau »[4]. Fabien Grenon, journaliste à *24 Heures*, revient lui aussi sur la dimension historique de cet affrontement électoral : « A noter que si l'une ou l'autre était élue le 6 novembre prochain, elle deviendrait la première femme préfet du canton de Fribourg »[5]. « La gent féminine a des vues sur le château préfectoral »[6], titre *La Broye Hebdo* à sa une le 17 mars 2016. « Une femme à la tête de la Broye ? »[7],

---

[1] *Ibid.,* p. 21.

[2] Gilliand, Rémy : « Deux femmes visent le château », *La Broye Hebdo* du 17 mars 2016, p. 19.

[3] Francey, Delphine : « Nadia Savary se porte candidate », *La Liberté* du 17 mars 2016, p. 21.

[4] Haenni, Urs : « Chancen stehen gut für eine Oberamtfrau », *Freiburger Nachrichten* du 17 mars 2016, p. 9.

[5] Grenon, Fabien : « Le peuple se prépare à élire son prochain préfet », *24 Heures* du 17 mars 2016, p. 26.

[6] Gilliand, Rémy : « La gent féminine a des vues sur le château préfectoral », *La Broye Hebdo* du 17 mars 2016, p. 1.

[7] Francey, Delphine : « Une femme à la tête de la Broye ? », *La Liberté* du 11 octobre 2016, p. 14.

s'interroge Delphine Francey sur une double page dans *La Liberté*.

Et pourtant, Nadia Savary insiste bien sur le fait qu'elle ne cherche pas à jouer la carte féminine : « Je suis contre les quotas entre hommes et femmes. Si les gens m'élisent, j'espère que c'est grâce à mes compétences et non pas parce que je suis une femme. »[1]

En ce mois de mars 2016, soit huit mois avant les échéances électorales, les médias ont mis en avant cette situation politique inédite dans le canton : la possible conquête de la préfecture par une femme.

---

[1] Francey, Delphine : « Nadia Savary se porte candidate », *La Liberté* du 17 mars 2016, p. 21.

Chapitre VI

La démission de Nicolas Kilchoer du PDC

Une semaine après la primaire démocrate-chrétienne, Nicolas Kilchoer annonce dans un communiqué de presse sa démission de sa formation politique : « La confiance envers certains membres du comité directeur de la section a été mise à mal dans le cadre de cette élection primaire. Les circonstances ne permettent plus, en l'état, un climat constructif de collaboration au sein de cette instance. Je me suis donc résolu à prendre cette décision, lourde de conséquence pour moi, afin que le comité puisse assumer ses responsabilités et affronter les défis à venir avec une nouvelle direction. »[1]

Il émet les reproches suivants : « La campagne pour la primaire a été malheureusement marquée par des revirements incessants d'une concurrente, ainsi que des actions du lobby inconvenantes et peu respectueuses auprès de certains membres dans la recherche de bulletins de vote par procuration »[2], ajoute le syndic de Châtillon. Contestant la façon de procéder de la Saint-Aubinoise, il déclare à Chantal Rouleau que « près d'un

---

[1] Gilliand, Rémy : « Nicolas Kilchoer n'aime pas du tout la politique de la girouette », *La Broye Hebdo* du 24 mars 2016, p. 3.
[2] *Ibid.*, p. 3.

33

tiers des votants dans la salle l'étaient sur la base d'une procuration. »[1] Il explique pourquoi il n'a plus confiance en son parti : « La politique de la girouette n'est pas une manière de faire que je partage et ne devrait pas être tolérée. Dans la vie on ne peut pas changer d'avis tout le temps. Dans ce dossier, j'estime que le PDC, dont je suis membre depuis 1993, a vraiment perdu en crédibilité. Au-delà de la déception, je remercie du fond du cœur le 49% des membres du PDC qui m'ont accordé leur confiance le 15 mars. »[2]

Chantal Rouleau a contacté le président du PDC cantonal, André Schönenweid, qui défend la candidate saint-aubinoise, malgré la stratégie utilisée : « Je comprends qu'il ait été fortement déçu, mais il faut accepter la décision des membres, qui a été prise de manière démocratique. »[3] Il complète ainsi ses propos : « Il fallait tenir compte de la candidature de Micheline Guerry-Berchier, qui avait tout à fait le droit de changer d'avis. Il faut savoir faire preuve d'une grande souplesse, surtout au sein d'une même famille politique. »[4]

En tous les cas, la colère gronde au sein du parti démocrate-chrétien, et plusieurs membres influents apportent leur soutien à Nicolas Kilchoer à la suite de sa démission. Le divorce entre Nicolas Kilchoer et le PDC est maintenant consommé. Lorsque *La Liberté* demande au syndic de Châtillon ce qu'il va alors faire, il déclare : « Pour l'instant, je donne la priorité à ma commune et à mon activité professionnelle. »[5]

Ce coup de tonnerre a été entendu dans toute la Broye. Le procédé utilisé à Estavayer-le-Lac devient l'un des principaux

---

[1] Rouleau, Chantal : « Nicolas Kilchoer claque la porte du parti démocrate-chrétien », *La Liberté* du 23 mars 2016, p. 13.

[2] Gilliand, Rémy : « Nicolas Kilchoer n'aime pas du tout la politique de la girouette », *La Broye Hebdo* du 24 mars 2016, p. 3.

[3] Rouleau, Chantal : « Nicolas Kilchoer claque la porte du parti démocrate-chrétien », *La Liberté* du 23 mars 2016, p. 13.

[4] *Ibid.,* p. 13.

[5] *Ibid.,* p. 13.

sujets de conversation au travail et au sein des sociétés : un mouvement de sympathie se dessine en faveur de Nicolas Kilchoer, homme de convictions, qui est désormais libre de toutes structures politiques en cette fin du mois de mars 2016.

Chapitre VII

La candidature de Maurice Bourqui

Alors que la campagne électorale pour la préfecture de la Broye n'avait plus suscité d'écho depuis le départ de Nicolas Kilchoer de son parti, les choses bougent au mois de juillet, avec l'entrée dans la course d'un nouveau candidat : Maurice Bourqui.

Membre du Parti socialiste, âgé de 57 ans, Maurice Bourqui est laitier de formation. Après avoir travaillé dans les assurances, il œuvre comme coordinateur pour la sécurité et est responsable technique chez Pfister Meubles. Au point de vue politique, il a été député indépendant au Grand Conseil sur la liste de Louis Duc de 1996 à 2001, avant de devenir conseiller général d'Estavayer-le-Lac depuis 2004 sans discontinuer. Ayant rejoint les rangs du PS en 2006, il a été porté à la présidence de l'institution législative de la Cité de la Rose en 2015.

Pour les socialistes, il s'agit de reprendre le Château de Chenaux, qu'ils avaient perdu il y a tout juste un quart de siècle. En effet, explique Valérie Piller Carrard, présidente du PS de la Broye et conseillère nationale, « depuis le départ de Pierre Aeby en 1991, premier préfet socialiste du canton de Fribourg, le château d'Estavayer-le-Lac n'a plus été aux mains de notre parti. En élisant Maurice Bourqui, les citoyens de la Broye peuvent assurer un vrai renouveau à la préfecture, dirigée depuis quinze ans par le PLR Christophe Chardonnens. »[1]

Moins présent dans les assemblées du district que ses adversaires de droite, Maurice Bourqui explique aux médias qu'il se distingue par les contacts qu'il entretient avec les habitants de la région : « Je suis un Broyard pure souche. Né à Murist, j'ai ensuite habité à Châbles avant de m'installer à Estavayer-le-Lac. Généraliste, je serai le préfet de toutes et de tous. J'ai en outre une bonne connaissance du terrain et des communes grâce à mon expérience au Législatif staviacois. »[2]

Malgré la proximité évoquée, la candidature de Maurice Bourqui comporte deux points faibles : il n'est pas beaucoup connu dans la Basse-Broye et il n'est pas au bénéfice d'un profil juridique ou économique pointu qui pourrait s'avérer déterminant pour gérer un district. Il le reconnaît volontiers : « Je n'ai ni formation juridique, ni universitaire, mais je suis à l'écoute des gens et je m'implique au niveau culturel dans la région depuis une quarantaine d'années »[3], se défend celui qui préside le chœur-mixte d'Estavayer et les Céciliennes (rencontres chorales se déroulant en 2017).

Outre la continuation des projets de son prédécesseur (EMS, CO) et le développement économique du district, Maurice Bourqui annonce vouloir « s'engager dans la lutte contre les inégalités et les injustices, en prêtant une attention particulière aux besoins des classes sociales moins favorisées. »[4]

Maurice Bourqui cherche à se distinguer de ses deux rivales de droite en s'inscrivant dans un programme marqué à gauche.

---

[1] Gilliand, Rémy : « Avec Maurice Bourqui, le Parti socialiste vise aussi la préfecture », *La Broye Hebdo* du 7 juillet 2016, p. 17.
[2] Rouleau, Chantal : « Maurice Bourqui sur les rangs », *La Liberté* du 7 juillet 2016, p. 22.
[3] Gilliand, Rémy : « Avec Maurice Bourqui, le Parti socialiste vise aussi la préfecture », *La Broye Hebdo* du 7 juillet 2016, p. 17.
[4] *Ibid.*, p. 17.

Cependant, terre rurale et vivier de petites entreprises, la Broye est un district solidement ancré à droite. Sur les 11 députés œuvrant au Grand Conseil, le PS ne compte que deux représentants, Rose-Marie Rodriguez et Dominique Corminboeuf. Avec ses 19% engrangés lors des élections législatives de 2011, le Parti socialiste aura fort à faire pour convaincre les Broyards, en grande majorité de tendance plutôt libérale ou conservatrice.

Chapitre VIII

La candidature de l'homme au chapeau

La rentrée est propice à l'annonce de la candidature des hommes politiques : le 22 août 2016, Stéphane Mosimann déclare à la presse qu'il brigue lui aussi la préfecture. « Nous voulions profiter de la rentrée et de l'effet de surprise pour lancer notre candidat à la préfecture. Nombreux sont ceux qui pensaient que nous n'aurions personne à proposer, mais nous nous devions d'être là en tant que premier parti du district »[1], déclare Jean-Daniel Chardonnens, président de l'UDC broyarde.

Lors de la conférence de presse, Olivier Barras, responsable de campagne, ajoute qu'« avec "l'homme au chapeau" [Stéphane Mosimann], nous proposons un candidat de grande qualité, un homme de terrain qui prend le temps d'écouter les gens, calme, ouvert, pragmatique et déjà très impliqué dans le district. »[2]

Le candidat agrarien n'a rejoint l'UDC que depuis quelques semaines. A ceux qui pourraient se montrer surpris de ce récent

---

[1] Gilliand, Rémy : « Homme au chapeau pour le château », *La Broye Hebdo* du 25 août 2016, p. 21.
[2] *Ibid.,* p. 21.

ralliement à l'Union démocratique du centre, Stéphane Mosimann rétorque : « Mais j'adhère depuis longtemps à la politique du parti car c'est l'une des rares formations qui ose dire les choses quand ça ne va pas. Et je suis issu d'un village où les autorités sont apolitiques. »[1]

Ce Neuchâtelois de 46 ans, qui s'est marié avec une Valaisanne, est arrivé dans la Broye en 2002. Après l'obtention de son CFC de gestionnaire de vente et un diplôme de l'école de cadres de la Migros, il a œuvré comme collaborateur administratif auprès de la commune de Belfaux, ainsi qu'en qualité de gestionnaire du contentieux de la ville de Fribourg. Sur le plan politique, l'« homme au chapeau » est devenu conseiller communal du village de Léchelles en 2009, avant d'en devenir le syndic de 2011 à 2015. Depuis la fusion qui a débouché sur la création de la commune de Belmont-Broye, il siège au conseil communal, s'occupant des constructions et du service technique. Il a en outre présidé les commissions de bâtisse des EMS Les Mouettes et Les Fauvettes.

Désireux de créer des emplois dans le district et de défendre la région auprès des autorités cantonales, l'agrarien « souhaite notamment axer sa campagne électorale sur la sécurité en essayant d'induire le respect entre les gens, sur le domaine médico-social et sur le potentiel économique du district. »[2]

En quoi Stéphane Mosimann se distingue-t-il des trois autres candidats ? « Ma force est que je suis un homme de terrain et je connais la majorité des dossiers broyards. Je suis proche des citoyens, je rencontre les mêmes problèmes et je vais trouver des solutions adaptées pour assurer le bien-être de la population »[3], répond-il à Delphine Francey.

---

[1] Francey, Delphine : « L'UDC vise aussi la préfecture », *La Liberté* du 24 août 2016, p. 14.
[2] *Ibid.,* p. 14.
[3] *Ibid.,* p. 14.

Malgré son investissement loué par ses concitoyens dans sa commune, Stéphane Mosimann est nouvellement membre d'un parti qui ne compte qu'un seul député au Grand Conseil lors de la législature 2011-2016. Le socle électoral est faible. Malgré sa grande expérience tant dans le privé qu'auprès des collectivités publiques, il est peu profilé, à l'image de Maurice Bourqui, dans les domaines juridiques et économiques. Et une affaire irrite particulièrement une partie des habitants de Domdidier : le fait que le conseil communal dirigé par l'« homme au chapeau » ait finalisé « plusieurs projets dont la halle polyvalente avant que Léchelles ne fusionne en janvier 2016 pour former Belmont-Broye. »[1] Or, comme l'ont appris les Belmontois par la presse, « il n'y aura pas de subvention cantonale pour la salle polyvalente de Léchelles, encore en construction. Elle n'est pas jugée indispensable par les services cantonaux... »[2] Quand on se souvient que la votation sur la fusion des villages de Domdidier, Dompierre, Léchelles et Russy s'était faite dans la première localité précitée dans une atmosphère particulièrement électrique, un ancien vice-syndic allant jusqu'à recourir au Tribunal fédéral, on se dit que « l'homme au chapeau » aura bien du mal à convaincre les Diderains, qui devront passer à la caisse pour payer les quatre millions de francs en vue de la construction de la halle. L'ancien syndic de Léchelles part au combat avec un déficit de popularité d'au moins 500 voix d'électeurs antifusion dans sa propre commune, une partie des Diderains se montrant particulièrement ulcérés par le règlement de la facture de la halle polyvalente, alors qu'il en existe déjà deux à Domdidier et à Dompierre[3].

---

[1] *Ibid.*, p. 14.
[2] Gilliand, Rémy : « Un budget 2017 sans véritable recul », *La Broye Hebdo* du 15 décembre 2016, p. 7.
[3] *Ibid.*, p. 7.

Chapitre IX

« Mon parti, c'est la Broye ! »

Alors que les hommes politiques se sont rendus en masse à la Fête fédérale de lutte d'Estavayer-le-Lac quelques semaines avant les échéances législatives et exécutives cantonales pour serrer un maximum de mains, Nicolas Kilchoer a préféré attendre la mi-septembre pour annoncer sa candidature. Cinquième candidat à briguer la préfecture de la Broye, Nicolas Kilchoer se lance en indépendant. Se passer de l'appui d'un parti est tout à fait envisageable, comme l'ont démontré les élections préfectorales en Gruyère et en Singine. Pascal Corminboeuf, syndic de Domdidier, avait réussi le tour de force d'être élu pour trois mandats au Conseil d'Etat comme indépendant. La conquête du Château de Chenaux est donc du domaine du réalisable.

Après le « coup de Jarnac politique »[1] dont il a été la victime le 15 mars à l'Azimut, Nicolas Kilchoer a pris du recul, comme il l'indique à Rémy Gilliand : « Après ce scénario inattendu, j'ai pris le temps de réfléchir sereinement à la poursuite de mon objectif que j'avais affiché en toute transparence. […]

---

[1] Gilliand, Rémy : « Le retour de Nicolas Kilchoer », *La Broye Hebdo* du 15 septembre 2016, p. 5.

Depuis le début, je veux m'engager avec mes valeurs pour mon district et ses habitants. »[1]

Son éviction a suscité des remous dans la Broye. La population lui a témoigné son soutien à la suite de la manière de procéder d'une faction du PDC. L'idée de se représenter en indépendant murit lentement et Nicolas Kilchoer profite de sonder le terrain à l'occasion des manifestations estivales : « Comme de coutume, déclare-t-il à Lise-Marie Piller, travaillant pour *La Liberté*, j'ai participé à des manifestations telles que Festi'Cheyres, l'Estivale ou diverses bénichons. De nombreuses personnes de gauche ou de droite ainsi que des collègues de parti m'ont assuré de leur soutien. »[2]

Il y a indéniablement un effet Kilchoer, comme il y a un effet Macron en France, des hommes politiques dont la personnalité et le programme suscitent l'intérêt. Affirmant qu'il n'agit pas par revanche personnelle (« Je ne garde aucune rancune vis-à-vis de l'élection primaire du PDC »[3]), le syndic de Châtillon explique que l'indépendance revêt des avantages : « Je suis beaucoup plus calme à l'heure actuelle [...]. Lorsque j'étais membre du PDC, j'avais parfois des séances à Fribourg où je n'étais pas toujours en phase avec certaines réflexions du parti. Désormais, je suis libre de dire ce que je veux afin de défendre la région. Je n'ai plus besoin de réfléchir aux conséquences par rapport à tel ou tel conseiller d'Etat ou service cantonal. »[4]

Bien que ne bénéficiant plus du support d'un parti, Nicolas Kilchoer met en place une équipe, comme l'indique Rémy Gilliand : « Dans son aventure il est soutenu par un comité de campagne constitué d'une quinzaine de personnalités du district. Il peut compter sur un groupe de soutien de plus de 200

[1] *Ibid.*, p. 5.
[2] Piller, Lise-Marie : « Nicolas Kilchoer est à nouveau en lice », *La Liberté* du 15 septembre 2016, p. 18.
[3] *Ibid.*, p. 18.
[4] *Ibid.*, p. 18.

personnes, comprenant de nombreux syndics et conseillers communaux, entre autres. »[1] Les soutiens interpartis vont se multiplier au fil des semaines.

L'ancien président du PDC, qui a perdu de peu la primaire à la suite de l'utilisation de procurations, jouit d'un réel mouvement de sympathie dans la Broye. Son charisme et son franc-parler, mêlés à une bonne dose de bonhomie et d'affabilité, lui avaient déjà permis de créer de solides réseaux dans toute la Broye en tant que syndic de Châtillon et patron du PDC. C'est sur ces derniers qu'il va s'appuyer pour tenter de décrocher la préfecture.

En tous les cas, « cette "nouvelle" candidature remet du sel sur cette campagne préfectorale qui s'annonce passionnée et passionnante »[2], écrit Rémy Gilliand.

---

[1] Gilliand, Rémy : « Le retour de Nicolas Kilchoer », *La Broye Hebdo* du 15 septembre 2016, p. 5.
[2] *Ibid.*, p. 5.

Chapitre X

Le débat feutré des candidats à la Prillaz

Les cinq prétendants à la fonction suprême régionale se sont retrouvés le jeudi 13 octobre 2016 à la salle de la Prillaz pour débattre. Devant un parterre de près de 350 personnes, ils défendent à tour de rôle leur vision de la Broye. Organisé par la jeune Chambre internationale de la Broye, le débat est animé par les journalistes de l'hebdomadaire *La Broye*, le quotidien *La Liberté* et Radio Fribourg.

Rémy Gilliand synthétise les propos des candidats : « Tour à tour, les papables ont dit pourquoi il fallait voter pour eux. "Le préfet doit être rassembleur", dit Nicolas Kilchoer. "Etre juriste, c'est un atout supplémentaire. Et le préfet doit être un moteur économique", prône Micheline Guerry-Berchier. "Nous avons déjà d'excellents juristes à la préfecture, nous n'avons pas besoin d'un troisième", argue Stéphane Mosimann. "La population aimerait un leader politique qui soit le moteur principal du district", assure Nadia Savary. Quant à Maurice Bourqui, seul candidat de gauche : "Ils sont quatre contre moi. J'espère une gauche unie et c'est peut-être le moment que le district revienne à la gauche." »[1]

Si tout le monde est plus ou moins sur la même longueur d'onde concernant le développement économique et les transports en milieu rural, Nicolas Kilchoer se montre en porte-à-faux avec les autres candidats concernant les fusions de communes. Alors que ces derniers se montrent favorables à une Broye ne comprenant plus que trois entités régionales à l'horizon 2035, Nicolas Kilchoer évoque quant à lui un district composé de 13 communes.[2] « Il faut laisser du temps »[3], déclare-t-il. Ses propos trouvent une oreille attentive auprès des citoyens attachés à leurs racines villageoises et dont l'indépendance de leur commune semble être un marqueur identitaire très fort.

Signalons encore qu'au point de vue de la formation, Nadia Savary plaide en faveur de la création d'une école professionnelle intercantonale broyarde.

Finalement, explique Rémy Gilliand, « le débat n'a eu lieu qu'entre journalistes et candidats. Jamais les cinq préfets potentiels, favoris ou outsiders, n'ont été confrontés entre eux. Bien au contraire, on s'est plutôt tapé dans le dos, ce qui, au final, montre que la région est plutôt unie pour agir. »[4]

Au jeu des pronostics, Patrick Pugin, journaliste à *La Liberté*, donne les deux candidates favorites : « Au point de vue des chiffres, avantage à la candidate PDC, qui a engrangé 24,2% des suffrages aux dernières fédérales, contre 14,1 au PLR. Mais c'est l'UDC qui était arrivée devant (27,5%, +3,7 points). On voit cependant mal son candidat, le peu connu Stéphane Mosi-

---

[1] Gilliand, Rémy : « Un débat plutôt bon enfant », *La Broye Hebdo* du 20 octobre 2016, p. 9.

[2] Francey, Delphine : « Les cinq candidats ont confronté leur vision de la Broye », *La Liberté* du 15 octobre 2016, p. 17.

[3] Gilliand, Rémy : « Un débat plutôt bon enfant », *La Broye Hebdo* du 20 octobre 2016, p. 9.

[4] *Ibid.,* p. 9.

mann, concurrencer les favorites. Micheline Guerry-Berchier semble ainsi la mieux placée pour l'emporter. Sauf qu'un obstacle pourrait se dresser sur sa route : Nicolas Kilchoer. »[1]

Et qu'en est-il du socialiste Maurice Bourqui ? Patrick Pugin continue son analyse : « L'ancien député (1996-2001) et actuel conseiller général d'Estavayer-le Lac [...] se tient en embuscade, prêt à jouer un mauvais coup aux deux favorites. Comprenez : se hisser au second tour. Une issue qui n'est pas totalement farfelue, la gauche ayant rassemblé près de 28% de l'électorat broyard lors des dernières fédérales. Pas farfelue certes, mais hautement aléatoire. D'autant qu'à l'instar du candidat de l'UDC, Maurice Bourqui n'est guère connu. »[2]

S'acheminait-on dès lors vers un duel de dames au second tour, tant la cote des deux politiciennes semblait élevée ? Sur une double page de *La Liberté*, Delphine Francey titre même son article en gros caractères : « Une femme à la tête de la Broye ? »[3] La journaliste pense que « Nadia Savary apparaît comme la favorite. Connue dans la Broye et au-delà des frontières, elle peut compter sur une solide expérience politique qui a démarré en 2001. »[4] Elle ajoute qu'« en revanche, difficile à ce stade d'évaluer la popularité de Nicolas Kilchoer, ancien président du PDC broyard. Et par conséquent elle va affaiblir Micheline Guerry-Berchier, qui pourtant peut faire valoir son expérience en tant que secrétaire générale de l'Association des communes fribourgeoises depuis treize ans. »[5]

Tous les observateurs politiques donnent cependant moins de chances à Maurice Bourqui et à Stéphane Mosimann. Tout comme Patrick Pugin, Delphine Francey pense que « le

---

[1] Pugin, Patrick : « Quelques préfectures très disputées », *La Liberté* du 30 août 2016, p. 9.

[2] *Ibid.*, p. 9.

[3] Francey, Delphine : « Une femme à la tête de la Broye ? », *La Liberté* du 11 octobre 2016, pp. 14-15.

[4] *Ibid.*, p. 14.

[5] *Ibid.*, p. 14.

manque de notoriété de Maurice Bourqui et de Stéphane Mosimann joue en leur défaveur. »[1]

Ainsi, quelques jours avant le premier tour, les médias
voient deux favorites et un outsider, Nicolas Kilchoer.

---

[1] *Ibid.*, p. 14.

Chapitre XI

La surprise du premier tour

« Ueberraschung in der Broye »[1]. « Surprise dans la Broye », titrent les *Freiburger Nachrichten*, le quotidien de langue allemande du canton de Fribourg. Les résultats sont si inattendus qu'ils ont un écho de l'autre côté de la frontière linguistique. Que s'est-il passé ? « Pressentie comme favorite, la libérale-radicale Nadia Savary et ancienne syndique de Cugy n'a pas réussi à passer le premier tour. Elle occupe la troisième place avec 22% des suffrages »[2], indique Delphine Francey. Rémy Gilliand renchérit : « La course pour ce premier tour était l'objet de nombreuses spéculations. Certains voyaient les deux dames en tête et nous aurions pu dire que le district de la Broye serait le premier à avoir une préfète. Mais rien n'est encore fait. »[3]

En effet, le scrutin a constitué une double surprise : ce sont la juriste Micheline Guerry-Berchier et l'outsider Nicolas Kil-

---

[1] Sprecher, Sandro : « Ueberraschung in der Broye », *Freiburger Nachrichten* du 7 novembre 2016, p. 7.
[2] Francey, Delphine : « Un second tour aux airs de revanche », *La Liberté* du 7 novembre 2016, p. 22.
[3] Gilliand, Rémy : « Deux finalistes à cinq voix près », *La Broye Hebdo* du 10 novembre 2016, p. 3.

choer qui arrivent en tête. Le score est très serré : la Saint-Aubinoise obtient 2 578 voix (30,5% des suffrages) et le syndic de Châtillon… seulement 5 de moins (2 573 voix, 30,4%).

Les réactions des partis fusent dans les médias. Concernant l'élimination de Nadia Savary, Damien Corminbœuf, président du PLR de la Broye, fait part de sa surprise : « Nous pensions au moins accéder au deuxième tour. C'est incompréhensible et c'est l'étonnement pour nous. [...] Pour le second tour, nous n'allons pas donner de consigne. »[1] Evoquant sa déception, Nadia Savary cherche à comprendre les causes de sa défaite : « C'est un petit peu étonnant. L'étiquette d'indépendant de Nicolas Kilchoer a joué en sa faveur, il a grappillé des voix dans tous les partis et dans toutes les communes. »[2] Les seuls villages où elle s'impose sont Cheiry (34 voix), Cugy (288), Fétigny (85), Ménières (56) et Prévondavaux (10).

Comment expliquer dès lors les excellents scores de Nicolas Kilchoer et de Micheline Guerry-Berchier ? Cette dernière affirme à *La Liberté* que son rival n'a bénéficié que d'un très faible report des voix PDC sur sa personne[3]. « Le résultat de ce dimanche démontre que le PDC avait deux bons candidats avant la primaire »[4], déclare-t-elle avec fair-play. Dans *Le Républicain*, elle explique de quelle manière elle a géré sa campagne : « Nous avons effectué un gros travail de terrain et sommes allés à la rencontre de la population avec qui nous avons eu de beaux échanges. »[5] Elle poursuit ainsi : « Nous avons vécu une campagne intense et nous allons la poursuivre.

---

[1] *Ibid.,* p. 3.

[2] Francey, Delphine : « Un second tour aux airs de revanche », *La Liberté* du 7 novembre 2016, p. 22.

[3] *Ibid.,* p. 22.

[4] *Ibid.,* p. 22.

[5] Mauroux, Danièle : « Micheline Guerry-Berchier et Nicolas Kilchoer au coude-à-coude », *Le Républicain* du 10 novembre 2016, non-paginé.

Mon but maintenant est de donner une première préfète à la Broye. »[1]

L'efficacité de sa campagne permet à Micheline Guerry-Berchier de se retrouver en tête à Belmont-Broye (514 suffrages, soit le 20% de son électorat), Bussy (53), Delley-Portalban (109), Montagny (176), Morens (37), Nuvilly (38), Saint-Aubin (295), Surpierre (38), Vallon (29), Villeneuve (21) et Vuissens (42). C'est un raz-de-marée. Elle effectue un carton entre Mannens, point le plus septentrional de cette partie du district, et Portalban, village le plus méridional, situé sur les bords du lac de Neuchâtel. Les petites enclaves occidentales (Surpierre, Villeneuve, Vuissens), dont la population ne partageait pas les vues de Nicolas Kilchoer sur la question des fusions, ont aussi majoritairement voté pour la juriste. Par contre, elle arrive 2e ou 3e dans l'enclave d'Estavayer-le-Lac, fief de Nadia Savary et de Nicolas Kilchoer.

Micheline Guerry-Berchier cherche maintenant à convaincre les femmes, qui constituent la moitié de l'électorat du district. Beaucoup se reconnaissent en elle. Elle jouit d'une popularité certaine auprès des étudiantes du Gymnase intercantonal de la Broye et de celles qui poursuivent une formation universitaire ou dans une Haute école. Avoir une préfète serait un événement politique sans précédent dans l'histoire du canton de Fribourg.

Nicolas Kilchoer, l'outsider, a réussi quant à lui son pari. Il arrive sur la première marche du podium à Châbles (104 suffrages), Cheiry (164), Cheyres (172), Estavayer-le-Lac (522), Gletterens (85), Les Montets (152), Lully (187), Murist (73), Rueyres-les-Prés (43), Sévaz (35) et Vernay (148). Le syndic de Châtillon engrange un maximum de voix dans l'enclave d'Estavayer-le-Lac. Il a également réussi à convaincre les habitants des petites communes, notamment celles dans lesquelles se présentait un candidat figurant sur la liste « La Broye, c'est

---

[1] *Ibid.,* non-paginé.

vous » qu'il avait contribuée à mettre en place pour le Grand Conseil. Si Nicolas Kilchoer accède lui-même à la députation avec 1 667 suffrages, les autres candidats de la liste indépendante réalisent de bons scores : Denis Chassot (Bussy) récolte 941 voix, Jean-Marie Pittet (Estavayer-le-Lac) 823, Nicolas Savoy (Gletterens) 817, Joseph Borcard (Estavayer-le-Lac) 797, Laurent Jacot (Dompierre) 773, Guillaume Bratschi (Cheyres) 558, Marie-Noëlle Kespern (Estavayer-le-Lac) 531. Il y a ainsi une nette corrélation entre les localités où Nicolas Kilchoer arrive en tête et les candidats figurant sur sa liste. Ces derniers ont réalisé un travail de terrain en appelant leurs concitoyens à voter pour le candidat indépendant.

Au *Républicain*, Nicolas Kilchoer déclare : « Je suis très heureux de mon résultat. La confiance accordée par les Broyardes et les Broyards est un signe que l'indépendance est la meilleure solution pour la préfecture. »[1] Comment explique-t-il ce succès électoral ? « Nous sommes allés à la rencontre de la population et avons eu plaisir à écouter ses désirs et ses vœux, notamment sur les transports et les places de travail. Je sais ce que je veux pour ma région et je vais me battre jusqu'au bout pour mes idées. »[2]

Qu'en est-il des deux derniers candidats ? Le socialiste et l'agrarien n'atteignent même pas les 10%. Maurice Bourqui recueille 778 voix (9,3% des suffrages). Sur la liste socialiste pour le Grand Conseil, il n'arrive qu'en 7e position derrière Rose-Marie Rodriguez (réélue députée avec 1 694 voix), Violaine Cotting (élue députée avec 1 473 voix), Dominique Corminboeuf (1 367), Anne-Pascale Collaud-Dessibourg (1 295), Anita Balz (1 237) et Catherine Plüss (1 214)[3]. Ces résultats

---

[1] *Ibid.*, non-paginé.
[2] *Ibid.*, non-paginé.
[3] Köstinger, Pierre : « Coup de mou pour le PDC et le PLR », *La Liberté* du 7 novembre 2016, p. 16.

indiquent que Maurice Bourqui n'a pas joui d'un soutien indéfectible de la part de ses camarades de parti.

Si la présidente du PS de la Broye, Valérie Piller Carrard, se déclare « déçue de son électorat »[1], Maurice Bourqui analyse ainsi son revers : « Toute la gauche ne m'a pas suivi. Et il faut rappeler que le PS n'est en général pas un parti majoritaire dans le district. J'ai essayé et je n'ai pas réussi. La vie continue. »[2]

L'échec est encore plus marqué dans la situation de Stéphane Mosimann, qui ferme la marche avec 7,8% des suffrages (661 voix). Président de l'UDC broyarde, Jean-Daniel Chardonnens, qui vient de se faire élire député le même jour, n'en revient pas du score inhabituellement bas de son candidat, alors que la formation agrarienne peut ordinairement s'appuyer sur un socle électoral compris entre 20% et 25% des voix : « Je suis très déçu. Mais on voit que pour la préfecture, il s'agit avant tout d'une question de personnalité. Notre candidat n'était peut-être pas assez connu. C'est dommage. »[3] D'ailleurs, sur la liste UDC pour la députation au Grand Conseil, dont l'élection s'est tenue le même jour, Stéphane Mosimann n'arrive qu'en 5e position, derrière Jean-Daniel Chardonnens (élu pour la première fois député avec 1 647 voix), Michel Zadory (également élu, avec 1 389 suffrages, mais ayant perdu son siège de conseiller communal à Estavayer-le-Lac), Kevin Crausaz (1 306) et Sébastien Schmid (1 204)[4]. De plus, le candidat agrarien pour la préfecture n'arrive qu'en quatrième position dans sa propre commune (148 voix). Comment explique-t-

---

[1] Gilliand, Rémy : « Deux finalistes à cinq voix près », *La Broye Hebdo* du 10 novembre 2016, p. 3.

[2] Francey, Delphine : « Un second tour aux airs de revanche », *La Liberté* du 7 novembre 2016, p. 22.

[3] Gilliand, Rémy : « Deux finalistes à cinq voix près », *La Broye Hebdo* du 10 novembre 2016, p. 3.

[4] Gilliand, Rémy : « Les places sont chères à Fribourg », *La Broye Hebdo* du 10 novembre 2016, p. 5.

il son mauvais score à Belmont-Broye ? « Certainement mon appartenance à un parti »[1], répond-il à Delphine Francey. Mais il y a une autre explication : une partie des Diderains ne lui ont pas apporté leur soutien en raison de la halle polyvalente, dont la construction avait été décidée juste avant la fusion et qui devra être financée par leurs soins. C'est un sujet abondamment commenté dans toute la Broye.

Alors que les autres vaincus affichent leur déception, Stéphane Mosimann est le seul à manifester sa satisfaction : « Je suis très content. C'était une bonne expérience, mais il est vrai que dans le district je suis encore trop peu connu. J'étais donc assez réaliste quant au résultat. Mais c'est un bon premier round politique pour moi. », confie-t-il à Rémy Gilliand.

District rural, catholique et plutôt conservateur sur les questions de société, la Broye fribourgeoise est désormais le théâtre d'une joute politique au centre droit, opposant une démocrate-chrétienne et l'ex-patron du PDC[2]. Si leur programme centriste est sensiblement le même sur de nombreux dossiers, la personnalité des candidats et les réseaux qu'ils ont construits seront déterminants pour les départager. Comme l'écrit avec raison Christian Aebi, journaliste à *24 Heures* : « le sprint final pour la préfecture » a débuté dans l'incertitude la plus complète[3].

---

[1] Francey, Delphine : « Un second tour aux airs de revanche », *La Liberté* du 7 novembre 2016, p. 22.
[2] Francey, Delphine : « Duel au centre droit », *La Liberté* du 19 novembre 2016, pp. 16-17.
[3] Aebi, Christian : « Sprint final pour la préfecture », *24 Heures* des 26 et 27 novembre 2016, p. 16.

Chapitre XII

Les tractations de l'entre-deux-tours

Le second tour se tient le dimanche 27 novembre 2016. Durant l'entre-deux-tours, les partis politiques transmettent leurs mots d'ordre à leurs militants et sympathisants. Cherchant à faire élire Stéphane Peiry au Conseil d'Etat, les agrariens, qui ont absolument besoin des voix démocrates-chrétiennes, se prononcent en faveur de Micheline Guerry-Berchier.

Les instances dirigeantes des verts et des socialistes ont auditionné les deux candidats le 14 novembre et annoncent à leur tour soutenir Micheline Guerry-Berchier, en particulier pour des raisons féministes : « Il est primordial que les femmes soient mieux représentées aux différents niveaux politiques »[1], indique le communiqué du Parti socialiste et du Mouvement Verts et Indépendants, héritier de la formation de feu Louis Duc. Présidente du PS de la Broye, Valérie Piller Carrard insiste : « Le fait qu'elle [Micheline Guerry-Berchier] soit une femme a également fait pencher la balance. Il est temps d'avoir

---

[1] Gilliand, Rémy : « L'UDC, le PS et les Verts soutiennent le PDC », *La Broye Hebdo* du 17 novembre 2016, p. 2.

une préfète. »[1] Ainsi, selon le PS, le sexe semble être l'un des critères prioritaires, de quoi surprendre, voire déstabiliser son électorat, qui s'était déjà bien démobilisé lors du premier tour.

Le PLR ne donne quant à lui aucune consigne de vote : « Nous estimons que l'élection à la préfecture de la Broye est davantage un duel de personnes que de partis politiques puisque M. Kilchoer se présente comme indépendant. On se voyait mal imposer un mot d'ordre »[2], expose Damien Corminboeuf.

En cette fin novembre, Micheline Guerry-Berchier bénéficie donc de l'appui de la totalité de la gauche (PS et Verts) et des agrariens. Nicolas Kilchoer ne peut compter quant à lui sur aucun soutien émanant d'un parti politique. Pour le comité de campagne de Micheline Guerry-Berchier, les calculs sont les suivants : aux 30,5% des voix obtenues initialement, les stratèges démocrates-chrétiens ajoutent une partie des 9,3% des suffrages remportés par Maurice Bourqui et des 7,8% des voix de Stéphane Mosimann. Ils tablent raisonnablement sur un report d'une moitié des voix du PLR, soit environ 11%. Sur le papier, Micheline Guerry-Berchier pourrait ainsi obtenir entre 50% et 60% des suffrages. Sans aucun appui extérieur, Nicolas Kilchoer ne peut, en toute logique, que faiblement progresser. Les voyants démocrates-chrétiens sont au vert : Micheline Guerry-Berchier a toutes les chances de devenir la première préfète de l'histoire du canton de Fribourg.

---

[1] Francey, Delphine : « PS et UDC soutiennent Micheline Guerry, libre choix pour le PLR », *La Liberté* du 19 novembre 2016, p. 17.
[2] *Ibid.,* p. 17

Chapitre XIII

La surprise du second tour

En ce dimanche 27 novembre, les urnes parlent. A la surprise générale, l'outsider Nicolas Kilchoer l'emporte très largement sur Micheline Guerry-Berchier, avec plus de 2 000 voix d'avance. L'écart est saisissant. « Un plébiscite pour Nicolas Kilchoer »[1], titre *La Liberté*, « Die Revanche von Nicolas Kilchoer »[2], écrivent les *Freiburger Nachrichten*, « Nicolas Kilchoer gagne le Château »[3] pour *La Broye Hebdo*, « Sprint final gagnant pour Nicolas Kilchoer »[4] selon *24 Heures*, « L'élection du préfet broyard est un pied de nez au PDC »[5] indique *Le Matin Dimanche*, « Nicolas Kilchoer élu ! » annonce *Le Républicain*.

---

[1] Tissot, Camille : « Un plébiscite pour Nicolas Kilchoer », *La Liberté* du 28 novembre 2016, p. 15.
[2] Sprecher, Sandro : « Die Revanche von Nicolas Kilchoer », *Freiburger Nachrichten* du 28 novembre 2016, p. 8.
[3] Gilliand, Rémy : « Nicolas Kilchoer gagne le château », *La Broye Hebdo* du 1er décembre 2016, p. 7.
[4] Muller, Sylvain : « Sprint final gagnant pour Nicolas Kilchoer », *24 Heures* du 28 novembre 2016, p. 23.
[5] Castella, Philippe : « L'élection du préfet broyard est un pied de nez au PDC », *Le Matin Dimanche* du 4 décembre 2016, p. 9.

Nicolas Kilchoer réussit l'exploit de s'imposer avec 61,7% des voix, soit près des deux tiers de l'électorat broyard. Il arrive largement en tête dans la totalité des localités du district, excepté Delley-Portalban (140 voix contre 162 à son adversaire), Morens (35 contre 43), la petite enclave de Vuissens (40 contre 43), et, naturellement, Saint-Aubin (168 contre 339). Si le chef-lieu d'Estavayer-le-Lac lui a toujours été acquis (1 022 voix contre 527), la deuxième commune du district en terme démographique, Belmont-Broye, lui avait été défavorable au premier tour. Grâce à son travail de terrain et à son équipe, composée de conseillers communaux et généraux de toutes les tendances politiques, en fonction ou à la retraite, en contact permanent avec la population, ainsi qu'avec le soutien de membres de la société civile participant aux activités des sociétés locales qui ont parlé en sa faveur, Nicolas Kilchoer rattrape son retard de manière saisissante en engrangeant 400 voix supplémentaires. Il y a une égalité parfaite entre les deux candidats (631 voix chacun) à Belmont-Broye.

Micheline Guerry-Berchier n'a pas réussi à convaincre une partie des Belmontois en raison, notamment, de son discours trop marqué en faveur des fusions. La création de Belmont-Broye a été réalisée au forceps et le demi-millier de citoyens de Domdidier, qui avaient refusé que leur commune ne s'engage dans le processus, avaient été battus sur le fil. Nombreux sont ceux qui ressassent encore leur défaite. C'est Nicolas Kilchoer qui hérite de ces voix.

Hormis l'animosité antifusion qui existe dans la Broye, l'état-major démocrate-chrétien a sous-estimé un autre facteur : le ressentiment, très fort, des libéraux-radicaux envers le PDC qui, obtenant trois sièges au Conseil d'Etat du premier coup le 6 novembre, insiste, au nom de la convention signée entre les trois partis bourgeois, sur l'éviction de Peter Wüthrich, député, au second tour du Conseil d'Etat. Et pourtant, le dernier syndic de Domdidier, avec 46,8% des voix obtenues au premier tour, était à deux doigts d'accéder au gouvernement cantonal au second tour. Dans la Broye, Peter Wüthrich était arrivé en tête, avec 5 140 suffrages. « Mon ambition première était de ramener ce siège gouvernemental dans la Broye, perdu depuis le départ de Pascal Corminboeuf. C'était important que notre district soit représenté à Fribourg. Mon regret, c'est que la décision démocratique du peuple n'est pas respectée, avec cette alliance qui attribue des quotas aux partis. Mais je connaissais tout ça, je le répète, et je m'y plie. Malheureusement, la Broye en fait les frais »[1], explique Peter Wüthrich concernant son retrait à contrecœur, si près du but. Son abandon forcé est analysé comme suit par Louis Ruffieux, l'ancien rédacteur en chef de *La Liberté* : « Ayant signé l'accord, Peter Wüthrich renonce donc, la mort dans l'âme. Son sacrifice n'est pas compris, surtout dans la Broye. »[2] Les libéraux-radicaux broyards et les électeurs de Peter Wüthrich sont furieux contre le PDC qui, en vertu des accords préélectoraux conclus, ne le remet pas sur la liste du second tour.

Mais la colère agrarienne gronde aussi contre le PDC au soir du premier tour. Roland Mesot, président de l'UDC du canton de Fribourg, fait ses comptes : les démocrates-chrétiens ont biffé son candidat. Comme l'écrit Patrick Pugin, « un tiers du PDC n'a pas soutenu l'UDC au premier tour »[3], obtenant ainsi trois sièges au gouvernement. Le même constat s'impose au second tour : une majorité d'électeurs du PDC n'a pas voté en faveur de Stéphane Peiry, conformément aux statuts de l'entente bourgeoise. Le démocrate du centre ne pouvait dès lors qu'échouer.

---

[1] Gilliand, Rémy : « Deux finalistes à cinq voix près », *La Broye Hebdo* du 10 novembre 2016, p. 3.

[2] Ruffieux, Louis : « L'Entente de droite, sa vie, son échec », *La Liberté* du 29 novembre 2016, p. 9.

[3] Pugin, Patrick : « L'UDC promet de muscler son discours », *La Liberté* du 27 janvier 2017, p. 13.

Ce sont ces considérations cantonales, marquées par le ressentiment du PLR et de l'UDC envers le PDC, qui influent grandement sur ce scrutin si particulier qui se tient dans le district de la Broye. Micheline Guerry-Berchier va en faire les frais. En qualité d'indépendant, Nicolas Kilchoer échappe quant à lui à la sanction.

En plus de la situation de Belmont-Broye et du contexte spécifique des élections cantonales, l'écart monumental entre les deux candidats peut s'expliquer également par leur personnalité. Enfant de Saint-Aubin devenu chef de la rubrique régionale du quotidien *La Liberté*, François Mauron tente d'expliquer pourquoi « Micheline Guerry-Berchier a [...] été sèchement renvoyée à ses études. »[1] Il formule l'observation suivante : « Malgré des compétences reconnues et une connaissance évidente des dossiers, la démocrate-chrétienne n'a pas su convaincre les électeurs. Rebutés sans doute par son profil de juriste distante et jugée parfois arrogante. »[2] Nicolas Kilchoer avait quant à lui un caractère plus jovial. Cet aspect de la personnalité est également l'une des clefs du scrutin. Nicolas Kilchoer est allé à la rencontre de ses électeurs comme l'a fait de manière gagnante Jacques Chirac, alors député, en Corrèze, département rural, établissant facilement un contact qui s'avère décisif. Les votants apprécient grandement le style du syndic de Châtillon. François Mauron ajoute concernant la victoire de Nicolas Kilchoer : « Ce dernier, retoqué ce printemps par le PDC, a gagné son pari en se lançant à la course à la préfecture en indépendant. L'homme aime sortir des sentiers battus. »[3]

Un autre facteur explicatif réside dans la thématique féminine imposée qui a débouché sur le résultat inverse de celui qui avait été escompté. Durant des mois, les médias ont fait de Na-

---

[1] Mauron, François : « Un échec pour les femmes », *La Liberté* du 28 novembre 2016, p. 15.

[2] *Ibid.*, p. 15.

[3] *Ibid.*, p. 15.

dia Savary et de Micheline Guerry-Berchier les favorites de l'élection. Les partis de gauche ont mis cet argument en avant après avoir auditionné les deux candidates à l'issue du premier tour. Pour capter le vote des électrices, Micheline Guerry-Berchier a cherché à se distinguer en jouant la carte féminine, comme elle l'explique à Delphine Francey une semaine avant le second tour : « Etre une femme, c'est une sensibilité différente dans l'approche des dossiers, dans la manière de les aborder. Nous avons une approche particulière qui permet aussi de pouvoir dénouer certaines situations. Un exemple concret : j'ai pu utiliser cette qualité dans le cadre du projet de fusion d'Estavayer. Durant les différentes phases de discussion, il y a aussi eu des blocages, j'ai pu amener la discussion sur un autre aspect, mettre tout sur la table et débloquer la situation. N'empêche que les compétences et l'expérience sont les conditions sine qua non pour être préfet. »[1] La stratégie d'insister sur la problématique féminine n'a pas obtenu le succès espéré. De nombreuses électrices se sont interrogées sur la place d'une mère de quatre enfants de 9, 13, 16 et 17 ans à la préfecture. Dans cette Broye rurale, le modèle de la famille traditionnelle est prédominant. Les questions sociétales ne sont pas abordées de la même manière qu'en milieu urbain. François Mauron abonde dans ce sens : « Son échec démontre qu'hommes et femmes ne sont pas encore égaux en politique : qui se soucie du sort des enfants du candidat masculin en cas d'élection ? »[2] Micheline Guerry-Berchier affiche sa déception au quotidien vaudois *24 Heures*, arguant que les Broyard(e)s n'étaient pas encore disposés à élire une préfète : « Mon profil, mon parcours et mes compétences ont été reconnus, mais les Broyards ne sont pas prêts à ce qu'une femme occupe cette fonction. Le

---

[1] Francey, Delphine : « Duel au centre droit », *La Liberté* du 19 novembre 2016, p. 16.
[2] Mauron, François : « Un échec pour les femmes », *La Liberté* du 28 novembre 2016, p. 15.

résultat du 1er tour avait déjà donné un signe avec l'éviction d'une des deux femmes favorites. »[1] Elle explique au *Républicain* : « Je suis triste pour les femmes qui m'ont soutenue. Je pense que les Broyards n'étaient pas prêts à avoir une femme à la préfecture. »[2] Chef de campagne de la juriste, Jacques Chassot affirme lui aussi que « les gens ne voulaient pas d'une femme à la préfecture. »[3]

Mais Nadia Savary, l'autre femme de la campagne, très écoutée dans la Broye, avance quant à elle une autre hypothèse : « Je ne crois pas que le critère féminin ait joué un rôle. Il ne faut pas faire d'amalgame. Le second tour à la préfecture est une élection de personnalité et non pas de genre, selon moi. »[4] Elle est rejointe dans son analyse par Louis Ruffieux, spécialiste de la politique fribourgeoise et ancien patron de la rédaction de *La Liberté*. Il met en évidence le rôle-clé joué par les Broyards à l'occasion de l'élection, le même jour, des deux femmes de gauche au Conseil d'Etat : la verte Marie Garnier, directrice du département de l'Intérieur, des institutions et des forêts, obtient 50,6% des suffrages dans la Broye et Anne-Claude Demierre, cheffe du département de la Santé et du social, 52%. Il s'agit du deuxième meilleur vote du canton pour la socialiste gruérienne, comme l'écrit Louis Ruffieux : « La Directrice de la santé et du social est la candidate de l'Alliance de gauche à avoir le plus progressé entre les deux tours : 11 249 voix de plus ! Elle obtient son meilleur résultat dans la Broye (2e), elle est troisième dans la Sarine, la Singine et le

---

[1] Aebi, Christian : « Sprint final pour la préfecture », *24 Heures* des 26 et 27 novembre 2016, p. 23.

[2] Kottelat, Isabelle : « Nicolas Kilchoer élu ! », *Le Républicain* du 1er décembre 2016, non-paginé.

[3] Tissot, Camille : « Un plébiscite pour Nicolas Kilchoer », *La Liberté* du 28 novembre 2016, p. 15.

[4] *Ibid.*, p. 15.

Lac. »[1] Le duo formé par les conseillères d'Etat sortantes – deux fois minoritaires dans le gouvernement, car de gauche dans un exécutif de droite et face à un parlement solidement ancré à droite d'une part, et femmes dans un collège comprenant cinq hommes sur sept d'autre part – a obtenu un excellent score dans le district. L'effet femme a eu lieu dans la Broye fribourgeoise en ce qui concerne les élections cantonales. Il n'a en revanche pas eu lieu au niveau du district.

Le raz-de-marée en faveur de Nicolas Kilchoer peut également s'expliquer par l'important réseau qu'il a créé au sein des sociétés de jeunesse, comme l'indique son flyer politique envoyé à tous les ménages. Les adolescents et les jeunes adultes se sont sentis soutenus par le syndic de Châtillon qui leur a prêté une oreille attentive pour connaître leurs préoccupations. Ce segment de population a massivement voté en faveur de Nicolas Kilchoer, comme en témoignent les nombreux commentaires postés sur les réseaux sociaux durant et après la campagne. Dans *Le Républicain*, Benjamin Egger, président de la Jeunesse de Gletterens, exprime sa satisfaction : « Nicolas Kilchoer a écouté tout le monde. C'est bien de savoir qu'à la Préfecture, on pourra discuter pour trouver des solutions. »[2]

L'engouement en faveur de la candidature du syndic de Châtillon est marqué auprès des élèves du Gymnase intercantonal de la Broye, l'un des plus connectés de Suisse, et des étudiants fréquentant l'Université ou une Haute école. Dans l'enquête que nous avons menée auprès d'eux, ils ont déclaré avoir apprécié les photographies mettant en scène Nicolas Kilchoer, en tenue de ville, mais à l'allure décontractée, se ressourçant en pleine nature, au bord du lac, avec en arrière-plan les roseaux et le Jura, ou devant des cultures céréalières, avec

---

[1] Ruffieux, Louis : « Une entente de droite sans carburant », *La Liberté* du 28 novembre 2016, p. 9.
[2] Kottelat, Isabelle : « Nicolas Kilchoer élu ! », *Le Républicain* du 1er décembre 2016, non-paginé.

en toile de fond l'église de Font. L'iconographie utilisée présente un cadre connu des Broyards dans lequel jeunes et moins jeunes ont plaisir à se délasser. Si le publicitaire Jacques Séguéla avait représenté François Mitterrand devant un paysage rural et apaisant lors de la campagne présidentielle de 1981, l'équipe de Nicolas Kilchoer en a fait de même. Lorsque l'électeur doit voter pour un candidat qu'il ne connaît pas personnellement, il compare les brochures. Celle de l'ancien président du PDC Broye a eu un grand impact.

Le plébiscite exprimé en faveur de Nicolas Kilchoer peut également s'expliquer par le fait qu'il n'est l'homme d'aucun parti. Micheline Guerry-Berchier le concède à *La Liberté* et à *La Broye Hebdo* : « Les indépendants ont le vent en poupe. »[1] Nicolas Kilchoer ne doit rendre de comptes à aucun état-major et peut traiter tous les Broyards sur un pied d'égalité, sans appartenance partisane. En démissionnant du PDC, il avait déclaré à Philippe Castella, journaliste au *Matin Dimanche* : « J'ai pu me libérer d'un système qui me pesait déjà. »[2] Cette indépendance plaît aux Broyards, qui redoutent l'ingérence des lobbies. En février 2016, Micheline Guerry-Berchier explique avoir changé d'opinion à la suite d'influences « internes » et « externes », comme elle l'expose dans *La Liberté* : « Mais, en aucun cas, je ne serais revenue sur ma décision si je n'avais pas été convaincue de ces soutiens internes et externes pour gagner la préfecture. »[3] Qui sont ces « soutiens internes et externes » qui ont réussi à infléchir la décision mûrement pesée d'une politicienne chevronnée ? Elle ne les explicite pas, faisant germer dans l'esprit des Broyards une crainte d'éventuelles in-

---

[1] Gilliand, Rémy : « Nicolas Kilchoer gagne le château », *La Broye Hebdo* du 1er décembre 2016, p. 7 ; Tissot, Camille : « Un plébiscite pour Nicolas Kilchoer », *La Liberté* du 28 novembre 2016, p. 15.

[2] Castella, Philippe : « L'élection du préfet broyard est un pied de nez au PDC », *Le Matin Dimanche* du 4 décembre 2016, p. 9.

[3] Bürgy, Vincent : « "Je ne regarde pas en arrière" », *La Liberté* du 14 mars 2016, p. 18.

fluences durant le mandat. Nicolas Kilchoer apparaît comme une personnalité constante dans ses choix. Il avait condamné avec force le revirement de sa rivale : « La politique de la girouette n'est pas une manière de faire que je partage et ne devrait pas être tolérée. Dans la vie on ne peut pas changer d'avis tout le temps. »[1] Ses arguments ont convaincu une majorité de votants.

Son franc-parler plaît également aux électeurs. Une formule fait mouche auprès des Broyards : « Je préfère être capitaine de ma région que lieutenant du Conseil d'Etat. »[2] Les gens se reconnaissent dans le mode de vie de ce pêcheur à la ligne : « Ce qui me fait plaisir ? Passer du temps avec ma famille, une barre de Ragusa, une bonne bouteille de vin ou une marche en montagne. »[3] Il y a bel et bien un style Nicolas Kilchoer. Et, analyse Christian Aebi, « son indépendance d'esprit et son charisme ont fait un carton. »[4]

Un dernier élément, certainement l'un des plus importants, revient sans cesse dans les dizaines d'entretiens menés au cours de cette enquête pour comprendre les facteurs qui ont conduit à la défaite de la juriste : l'affaire des procurations. Cette manière de procéder lors de la primaire démocrate-chrétienne a provoqué un important dégât d'image. Nicolas Kilchoer l'a martelé à plusieurs reprises dans les médias : « Il y avait là plus d'un tiers de gens que je ne connaissais pas et qui avaient obtenu des bulletins de vote par procuration. »[5] Et « certains ont multiplié les contacts afin d'obtenir des bulletins de vote par

---

[1] Gilliand, Rémy : « Nicolas Kilchoer n'aime pas du tout la politique de la girouette », *La Broye Hebdo* du 24 mars 2016, p. 3.
[2] Aebi, Christian : « "Ma priorité, c'est la Broye", dit son futur préfet », *24 Heures* du 12 décembre 2016, p. 22.
[3] *Ibid.*, p. 22.
[4] *Ibid.*, p. 22.
[5] Castella, Philippe : « L'élection du préfet broyard est un pied de nez au PDC », *Le Matin Dimanche* du 4 décembre 2016, p. 9.

procuration. »[1] Bien que juridiquement légaux, ces agissements ont suscité de nombreux commentaires au sein de la population, qui décida, sept mois plus tard, en toute connaissance de cause, de ne plus envoyer de Saint-Aubinois à la députation et de voter massivement pour un indépendant à la préfecture.

---

[1] Rouleau, Chantal : « Nicolas Kilchoer claque la porte du parti démocrate-chrétien », *La Liberté* du 23 mars 2016, p. 13.

Conclusion

Un mois et demi après sa prise de fonction le 3 janvier 2017, les journalistes du *Républicain* ont rencontré le nouveau préfet. Ce dernier énumère les 5 priorités de son mandat : « Poursuivre la rénovation et la reconstruction de l'ensemble des homes du district. Mener à court terme le projet de construction du nouveau CO de Cugy. M'engager pour l'emploi dans la région. A mes yeux, l'entreprise Boschung basée sur l'Aéropôle représente un premier pas dans ce sens. Encourager un aménagement du territoire responsable et tourné vers l'avenir. Poursuivre le rapprochement des soins à domicile entre la Broye fribourgeoise et vaudoise. »[1]

Le magistrat veut également défendre les intérêts de la Broye à Fribourg. Ainsi, Nicolas Kilchoer a pris les mesures suivantes : « Dans un premier temps, j'ai prévu une séance à Fribourg avec la députation broyarde. Il s'agira de nommer un député "coordinateur Broye-Canton". Il faut que les députés connaissent les problèmes auxquels sont confrontés les élus communaux pour en discuter avec le Conseil d'Etat. »[2] Dans ces conditions, explique le nouveau préfet, « je souhaite éga-

---

[1] Raetzo, Carole : « Ensemble nous allons agir pour le bien-être de notre région », *Le Républicain* du 16 février 2017, non-paginé.
[2] *Ibid.,* non-paginé.

lement intégrer deux députés dans le comité d'Ascobroye, car les thèmes à venir doivent rassembler tous les secteurs politiques de la Broye : les représentants des communes et les élus députés. »[1]

Connu pour la proximité qu'il entretient avec la population, il annonce encore : « Durant cette législature, j'envisage de rencontrer chaque exécutif communal. Ma première visite aura lieu à Saint-Aubin. »[2]

Et puis, comme il le confie au journaliste Christian Aebi, de *24 Heures*, il faut désenclaver la région et soutenir le RER : « C'est typiquement le genre de domaines où les frontières cantonales n'ont pas de sens ! La Broye est unie, c'est une réalité, et je vais me battre pour elle. »[3]

Premier ministre de la France, Edouard Philippe évoque dans son troisième ouvrage les livres qui l'ont marqué. Il cite celui de Laurent Binet, *Rien ne se passe comme prévu*. Il s'agit du « récit de la campagne présidentielle de François Hollande de 2012 [...]. Le titre est valable pour toutes les campagnes présidentielles. »[4] Et aussi pour cette bataille électorale hors norme qui s'est déroulée dans le district de la Broye.

---

[1] *Ibid.*, non-paginé.
[2] *Ibid.*
[3] Aebi, Christian : « "Ma priorité, c'est la Broye", dit son futur préfet », *24 Heures* du 12 décembre 2016, p. 22.
[4] Philippe, Edouard : *Des hommes qui lisent*. Paris, J. C. Lattès, 2017, p. 223.

Chronologie des événements

14 novembre 2015 : Christophe Chardonnens, préfet de la Broye fribourgeoise, annonce aux syndics du district qu'il ne briguera pas un quatrième mandat.

17 novembre 2015 : Christophe Chardonnens organise une conférence de presse au château de Chenaux pour annoncer son retrait d'ici une année.

4 février 2016 : Micheline Guerry-Berchier communique son intention au comité directeur du PDC de ne pas se porter candidate.

11 février 2016 : Nicolas Kilchoer, président du PDC de la Broye, seul candidat du parti, annonce qu'il brigue la préfecture.

23 février 2016 : Albert Bachmann, ancien syndic libéral-radical d'Estavayer-le-Lac et candidat malheureux au Conseil d'Etat sous l'étiquette d'indépendant, fait planer le doute sur une éventuelle candidature.

25 février 2016 : la section du PDC de Saint-Aubin informe le comité du district que Micheline Guerry-Berchier a changé d'avis et se porte candidate.

15 mars 2016 : Micheline Guerry-Berchier l'emporte par deux voix d'avance grâce aux procurations lors de la primaire démocrate-chrétienne qui s'est tenue à la salle staviacoise de l'Azimut.

16 mars 2016 : Nadia Savary, syndique de Cugy, députée PLR et présidente de l'Association des communes fribourgeoises, annonce sa candidature.

22 mars 2016 : Nicolas Kilchoer, dégoûté par certaines manœuvres, quitte le PDC.

6 juillet 2016 : Le socialiste Maurice Bourqui annonce sa candidature.

22 août 2016 : Conférence de presse lors de laquelle « l'homme au chapeau » (UDC) annonce sa candidature.

14 septembre 2016 : Nicolas Kilchoer annonce sa candidature en tant qu'indépendant.

13 octobre 2016 : Débat entre les cinq candidats à la préfecture organisé à la salle de la Prillaz par la Jeune Chambre internationale de la Broye et animé par les journalistes de *La Broye Hebdo*, *La Liberté* et Radio Fribourg.

6 novembre 2016 : Premier tour des élections à la préfecture au système majoritaire : Micheline Guerry-Berchier obtient 30,5% des suffrages, Nicolas Kilchoer 30,4%, Nadia Savary 22%, Maurice Bourqui 9,3% et Stéphane Mosimann 7,8%. Des cinq candidats, seuls Nadia Savary et Nicolas Kilchoer sont élus députés au Grand Conseil.

27 novembre 2016 : Second tour des élections à la préfecture et plébiscite pour Nicolas Kilchoer qui l'emporte avec 5 428 suffrages (61,7%), soit plus de 2 100 voix, sur sa rivale Micheline Guerry-Berchier. Il cède son siège de député à Denis Chassot.

3 janvier 2017 : Entrée en fonction de Nicolas Kilchoer, premier préfet indépendant. Il succède au socialiste Pierre Aeby, au démocrate-chrétien Jean-Luc Baechler et au libéral-radical Christophe Chardonnens.

Sources

Sources orales

Entretiens avec Nicolas Kilchoer les 1er juillet et 10 août 2016 à Domdidier.

Sources écrites

Guerry-Berchier, Micheline : *Fusions de communes dans le canton de Fribourg : bilan de l'exercice du point de vue de ses actrices, les communes fusionnées.* Renens, Institut de hautes études en administration publique, 2009, diplôme en action publique, 40 p. [L'auteure s'intéresse au bilan (positif) du processus des fusions en questionnant les exécutifs communaux.]

Hugo, Bernhard : *Fusions de communes. Le holp-up « parfait ».* Domdidier, Éditions de l'Ermitage, 2016, 434 p. [L'auteur diderain remet en question le bilan positif des fusions en s'appuyant sur de nombreux arguments.]

Procès-verbaux du comité stratégique et de campagne de Nicolas Kilchoer d'août à décembre 2016.

Tribunal fédéral suisse (juges fédéraux Fonjallaz, Chaix et Kneubühler) : *Arrêté du 2 mars 2015 de la Ire Cour de droit public. Recours contre l'arrêt de la Ire Cour administrative du*

Tribunal cantonal de l'Etat de Fribourg du 15 janvier 2015. Cyrille Corminboeuf contre Commune de Domdidier et Conseil d'Etat du canton de Fribourg. Lausanne, 2 mars 2015, 6 p., 1C_105/2015. [Le vice-syndic Cyrille Corminboeuf, soutenu dans sa démarche par 500 Diderains, voit son recours contre la fusion de la commune rejeté].

Ouvrages politiques

Andolfatto, Dominique (Ed.) : *Les partis politiques, ateliers de la démocratie.* Bruxelles, Éditions de l'Université de Bruxelles, 2016, 245 p.

Audigier, François : *Les partis politiques, nouveaux regards : une contribution au renouvellement de l'histoire politique.* Bruxelles, PIE-Peter Lang, 2012, 464 p.

Dormagen, Jean-Yves *: Introduction à la sociologie politique.* Bruxelles, De Boeck, 2015, 271 p.

Mazzoleni, Oscar (Ed.) : *Les partis politiques suisses : traditions et renouvellements.* Paris, M. Houdiard, 2009, 458 p.

Offerlé, Michel : *Les partis politiques.* Paris, Presses universitaires de France, 2012, 8ᵉ édition, 127 p.

Articles de presse

Francey, Delphine : « Estavayer, le poids lourd broyard », *La Liberté* du 16 juin 2015, p. 15.

Francey, Delphine : « "Je sens une certaine usure" », *La Liberté* du 18 novembre 2015, p. 15.

Aebi, Christian : « Le préfet Chardonnens ne rempilera pas en 2017 », *24 Heures* du 18 novembre 2015, p. 22.

Rotzetter, Mireille : « Oberamtmann des Broyebezirks tritt zurück», *Freiburger Nachrichten* du 19 novembre 2015, p. 3.

Gilliand, Rémy : « Le regard du préfet s'éloigne du château », *La Broye Hebdo* du 19 novembre 2015, p. 11.

Gilliand, Rémy : « Un candidat à la préfecture sort du bois », *La Broye Hebdo* du 11 février 2016, p. 11.

Piller, Lise-Marie : « Nicolas Kilchoer vise le château », *La Liberté* du 12 février 2016, p. 13.

Rouleau, Chantal : « Albert Bachmann tenté par le château », *La Liberté* du 23 février 2016, p. 16.

Francey, Delphine : « Micheline Guerry change d'avis et vise le château », *La Liberté* du 12 mars 2016, p. 15.

Bürgy, Vincent : « "Je ne regarde pas en arrière" », *La Liberté* du 14 mars 2016, p. 18.

Rouleau, Chantal : « Micheline Guerry l'emporte à la raclette », *La Liberté* du 16 mars 2016, p. 15.

Gilliand, Rémy : « La gent féminine a des vues sur le château préfectoral », *La Broye Hebdo* du 17 mars 2016, p. 1.

Francey, Delphine : « Nadia Savary se porte candidate », *La Liberté* du 17 mars 2016, p. 21.

Gilliand, Rémy : « Deux femmes visent le château », *La Broye Hebdo* du 17 mars 2016, p. 19.

Grenon, Fabien : « Le peuple se prépare à élire son prochain préfet », *24 Heures* du 17 mars 2016, p. 26.

Haenni, Urs : « Chancen stehen gut für eine Oberamtfrau », *Freiburger Nachrichten* du 17 mars 2016, p. 9.

Rouleau, Chantal : « Nicolas Kilchoer claque la porte du parti démocrate-chrétien », *La Liberté* du 23 mars 2016, p. 13.

Gilliand, Rémy : « Nicolas Kilchoer n'aime pas du tout la politique de la girouette », *La Broye Hebdo* du 24 mars 2016, p. 3.

Bur, Regula : « Der Mann für nachhaltige Arbeit », *Freiburger Nachrichten* du 7 avril 2016, p. 18.

Haenni, Urs : « "Weiter wachsam bleiben" », *Freiburger Nachrichten* du 30 juin 2016, p. 20.

Gilliand, Rémy : « Avec Maurice Bourqui, le Parti socialiste vise aussi la préfecture », *La Broye Hebdo* du 7 juillet 2016, p. 17.

Rouleau, Chantal : « Maurice Bourqui sur les rangs », *La Liberté* du 7 juillet 2016, p. 22.

Francey, Delphine : « L'UDC vise aussi la préfecture », *La Liberté* du 24 août 2016, p. 14.

Gilliand, Rémy : « Homme au chapeau pour le château », *La Broye Hebdo* du 25 août 2016, p. 21.

Pugin, Patrick : « Quelques préfectures très disputées », *La Liberté* du 30 août 2016, p. 9.

Pugin, Patrick : « Deux femmes favorites en Broye », *La Liberté* du 30 août 2016, p. 9.

Piller, Lise-Marie : « Nicolas Kilchoer est à nouveau en lice », *La Liberté* du 15 septembre 2016, p. 18.

Gilliand, Rémy : « Le retour de Nicolas Kilchoer », *La Broye Hebdo* du 15 septembre 2016, p. 5.

Francey, Delphine : « Favoriser de nouvelles implantations », *La Liberté* du 1er octobre 2016, p. 18.

Francey, Delphine : « Le siège le plus menacé est celui des Verts », *La Liberté* du 1er octobre 2016, p. 18.

Gilliand, Rémy : « Un vent d'indépendance souffle sur ces cantonales 2016 », *La Broye Hebdo* du 6 octobre 2016, p. 11.

Francey, Delphine : « Une femme à la tête de la Broye ? », *La Liberté* du 11 octobre 2016, p. 14.

Gilliand, Rémy : « Ils sont cinq prétendants pour la course au Château », *La Broye Hebdo* du 13 octobre 2016, pp. 10-11.

Francey, Delphine : « Les cinq candidats ont confronté leur vision de la Broye », *La Liberté* du 15 octobre 2016, p. 17.

Gilliand, Rémy : « Un débat plutôt bon enfant », *La Broye Hebdo* du 20 octobre 2016, p. 9.

Gilliand, Rémy : « La Broye élit ses députés et son préfet », *La Broye Hebdo* du 3 novembre 2016, p. 7.

Francey, Delphine : « Un second tour aux airs de revanche », *La Liberté* du 7 novembre 2016, p. 22.

Sprecher, Sandro : « Ueberraschung in der Broye », *Freiburger Nachrichten* du 7 novembre 2016, p. 7.

Köstinger, Pierre : « Coup de mou pour le PDC et le PLR », *La Liberté* du 7 novembre 2016, p. 16.

Aebi, Christian : « Un homme et une femme en course », *24 Heures* du 7 novembre 2016, p. 21.

Gilliand, Rémy : « Duel Guerry-Kilchoer pour la préfecture broyarde », *La Broye Hebdo* du 10 novembre 2016, p. 1.

Gilliand, Rémy : « Deux finalistes à cinq voix près », *La Broye Hebdo* du 10 novembre 2016, p. 3.

Gilliand, Rémy : « Les places sont chères à Fribourg », *La Broye Hebdo* du 10 novembre 2016, p. 5.

Mauroux, Danièle : « Micheline Guerry-Berchier et Nicolas Kilchoer au coude-à-coude », *Le Républicain* du 10 novembre 2016, non-paginé.

Francey, Delphine : « Duel au centre droit », *La Liberté* du 19 novembre 2016, p. 16.

Francey, Delphine : « Sensibilité de femme ou d'un indépendant ex-PDC », *La Liberté* du 19 novembre 2016, pp. 16-17.

Francey, Delphine : « PS et UDC soutiennent Guerry, libre choix pour le PLR », *La Liberté* du 19 novembre 2016, p. 17.

Gilliand, Rémy : « Prêts pour le duel dominical », *La Broye Hebdo* du 24 novembre 2016, p. 5.

Aebi, Christian : « Sprint final pour la préfecture », *24 Heures* des 26 et 27 novembre 2016, p. 23.

Sprecher, Sandro : « Die Revanche von Nicolas Kilchoer », *Freiburger Nachrichten* du 28 novembre 2016, p. 8.

Tissot, Camille : « Un plébiscite pour Nicolas Kilchoer », *La Liberté* du 28 novembre 2016, p. 15.

Mauron, François : « Un échec pour les femmes », *La Liberté* du 28 novembre 2016, p. 15.

Muller, Sylvain : « Sprint final gagnant pour Nicolas Kilchoer », *24 Heures* du 28 novembre 2016, p. 23.

Ruffieux, Louis : « Une Entente de droite sans carburant », *La Liberté* du 28 novembre 2016, p. 9.

Francey, Delphine : « Nicolas Kilchoer, l'homme de terrain », *La Liberté* du 29 novembre 2016, p. 15.

Ruffieux, Louis : « L'Entente de droite, sa vie, son échec », *La Liberté* du 29 novembre 2016, p. 9.

Pugin, Patrick : « Une Entente difficile à ressusciter », *La Liberté* du 29 novembre 2016, p. 10.

Gilliand, Rémy : « Nicolas Kilchoer gagne le château », *La Broye Hebdo* du 1er décembre 2016, p. 7.

Kottelat, Isabelle : « Nicolas Kilchoer élu ! », *Le Républicain* du 1er décembre 2016, non-paginé.

Castella, Philippe : « L'élection du préfet broyard est un pied de nez au PDC », *Le Matin Dimanche* du 4 décembre 2016, p. 9.

Aebi, Christian : « "Ma priorité, c'est la Broye", dit son futur préfet », *24 Heures* du 12 décembre 2016, p. 22.

Gilliand, Rémy : « Un budget 2017 sans véritable recul », *La Broye Hebdo* du 15 décembre 2016, p. 7.

Gilliand, Rémy : « Le plus difficile, c'est d'être patient », *La Broye Hebdo* du 22 décembre 2016, p. 15.

Gilliand, Rémy : « Le nouveau visage du district », *La Broye Hebdo* du 5 janvier 2017, p. 5.

Pugin, Patrick : « "L'Entente bourgeoise a de l'avenir" », *La Liberté* du 17 janvier 2017, p. 10.

Pugin, Patrick : « L'UDC promet de muscler son discours », *La Liberté* du 27 janvier 2017, p. 13.

Raetzo, Carole : « Ensemble nous allons agir pour le bien-être de notre région », *Le Républicain* du 16 février 2017, non-paginé.

Annexe 1

Entretien Nadia Savary :
« Faire de la politique foncière active »[1]

Comment valoriser la zone stratégique cantonale Rose de la Broye, à Lully, qui est en mains privées ?
Il faudrait faire un peu plus de politique foncière active et que ce soient les collectivités publiques qui acquièrent ce terrain. Pour y parvenir, il s'agira de trouver et de présenter des garanties de compensation pour les propriétaires actuels. Mais il faut aussi un grand projet solide et concret. Plus on travaille en amont avec les privés en tant que partenaire, plus on évitera que le canton fasse valoir son droit d'emption. Il faut discuter.

Quelle est votre politique de l'aménagement du territoire ?
Les compétences du préfet sont limitées dans ce domaine. Il devra inciter les communes à faire de la politique foncière ac-

---

[1] Les six premières questions ont été posées par Delphine Francey pour *La Liberté* et les cinq suivantes par Rémy Gilliand pour *La Broye Hebdo*. Sources : Francey, Delphine : « Faire de la politique foncière active », *La Liberté* du 11 octobre 2016, p. 14 ; Gilliand, Rémy : « Ils sont cinq prétendants pour la course au Château. Nadia Savary », *La Broye Hebdo* du 13 octobre 2016, p. 10.

tive et à créer les meilleures conditions cadres, à savoir des structures adéquates en termes de politique familiale, de formation et de mobilité. Je suis en faveur de la densification, mais je tiens à maintenir l'équilibre entre les intérêts agricoles et la croissance économique.

Que feriez-vous pour dynamiser le développement économique et social du district ?

Continuer à avoir des structures adéquates et performantes avec le développement des EMS, le CO, etc. L'une des clés serait de créer une conférence des syndics, qui permettrait de connaître les fonctionnements de chacun et d'établir un lien plus étroit avec les députés. Sur le plan social, il faut harmoniser ou coordonner des structures comme l'accueil extrafamilial. Il faut aussi élargir le spectre intercantonal typiquement avec la libre-circulation dans les EMS, la collaboration pour l'aide et les soins à domicile ou encore une école professionnelle qui retrouve son indépendance afin d'envisager une collaboration intercantonale.

Comment concilier les intérêts des petites communes, sachant que le rapport de force va changer avec Estavayer et Belmont-Broye ?

Le rapport de force existe déjà et il ne va pas forcément changer car la règle qui demande l'approbation des trois quarts des communes restera applicable. L'enjeu est de faire comprendre aux petites communes que Belmont-Broye et Estavayer seront les pôles industriels. Pour les convaincre, ma solution serait une péréquation financière régionale pour la fiscalité des personnes morales. Ou autrement la fusion.

Alors quelles fusions imaginez-vous dans le futur ?

A court terme, je ne vois pas de changement. Je prendrai d'abord contact avec les communes concernées pour connaître la vision des autorités. Si elles sont partantes, je vais les pousser à remettre sur la table des projets qui ont capoté. En revanche, si elles sont réticentes, je vais les inciter à prendre le temps et à envisager un rapprochement avec Estavayer ou avec Belmont-Broye en fonction de leur situation géographique.

On vous sent en phase avec le canton, saurez-vous défendre la Broye et taper du poing sur la table ?

Clairement. Je vous promets que j'ai déjà tapé sur la table lors de négociations avec le canton en tant que présidente de l'Association des communes fribourgeoises. Je suis prête à défendre ma région, quitte à être plus dure avec l'Etat.

Pourquoi êtes-vous candidate ?

Ma région a été au centre de ma réflexion, m'engager pour la Broye et sa population voilà ma motivation première. Le contact avec les gens, les échanges passionnés, défendre le bien commun régional, intercantonal, voilà une autre source de motivation. Cette candidature représente une belle opportunité de continuer mon engagement politique et, est légitimée par l'ensemble de mes actions entreprises sur le terrain depuis 2001, notamment en tant que syndique, présidente d'Ascobroye, présidente des communes fribourgeoises et députée. S'il n'y a pas vraiment de formation pour la chose publique, je suis persuadée que mon expérience pratique et mon pragmatisme peuvent servir les Broyards. Le rôle premier de la fonction de préfet est avant tout de s'imposer en tant que moteur pour son district, ses communes, ses citoyens, c'est un rôle de rassembleur qui me correspond.

Pourquoi faudrait-il voter pour vous ?

Pour mon profil d'une personne engagée, proche des gens, naturelle et compétente. Avec plus de quinze ans de vie politique dans des fonctions exécutive et législative, au niveau communal, régional, cantonal et intercantonal, j'ai pu me forger une solide expérience pratique. La connaissance du terrain et du fonctionnement des associations régionales représente de réels atouts. Le préfet est la porte d'entrée de son district vis-à-vis du canton. Mes relations étroites, en tant que députée et ancienne présidente de l'Association des communes fribourgeoises, avec le Conseil d'Etat et leurs différents services représentent un avantage non négligeable car le lien si primordial entre la région et le canton se trouve facilité. Le réseau, voilà une clé dont la Broye sera largement bénéficiaire.

Si vous êtes élue, quel sera votre credo ?

«Unir, fédérer pour créer ensemble la Broye de demain.» Un leitmotiv qui me tient à cœur et qui me sied plutôt bien, puisque je le pratique depuis longtemps de par ma profession puis dans le cadre de mes mandats politiques.

Quelle promesse pouvez-vous faire aujourd'hui à l'électeur et que vous êtes sûr de pouvoir tenir durant la prochaine législature ?

La promesse de rester moi-même en apportant un engagement personnel soutenu, pragmatique et expérimenté. Je promets de m'engager pour un développement dynamique et harmonieux de la Broye mais également pour que la Broye compte à Fribourg. Je m'y attellerai avec passion et conviction pour ma région comme je l'ai toujours fait.

Quelle importance accordez-vous à l'intercantonalité ?

Ayant passé la moitié de ma vie à Payerne et l'autre moitié à Vesin, je connais bien la problématique intercantonale et y suis très sensible. Dans une Broye représentant un véritable puzzle territorial, représentant deux régions périphériques de leur centre cantonal respectif, cela me parait une évidence de pouvoir, dans la mesure du possible, collaborer ensemble. Du reste, les vies associative et professionnelle ont dépassé depuis fort longtemps les frontières cantonales. L'intercantonalité est une force pour des projets régionaux d'envergure ou pour des synergies visant des économies. Mais cela représente aussi un frein car il faut dédoubler notre énergie, bousculer nos autorités cantonales respectives, convaincre deux fois et redoubler de patience.

Cela dit, le sujet de l'intercantonalité doit être systématique dans la réflexion politique, mais doit se construire uniquement si l'intercantonalité est avantageuse pour le bien commun de la population des deux districts.

Annexe 2

Entretien avec Maurice Bourqui :
« Booster les services cantonaux »[1]

Comment valoriser la zone stratégique cantonale Rose de la Broye, à Lully, qui est en mains privées ?

J'avoue que je ne connais pas bien les procédures qui ont été menées, ni la situation actuelle de ce dossier. Il faudrait impérativement que cette zone bouge d'autant plus qu'elle est intéressante du point de vue de sa situation près de l'A1. Pour y parvenir, il faudra travailler en commun avec la députation broyarde en tant que relais du district, mais également avec la Promotion économique. Au préfet également d'intervenir directement auprès du canton. Ce dernier nous dit qu'il faut attendre le plan directeur cantonal ? Mon souhait est d'essayer de faire tomber les barrières administratives.

---

[1] Les six premières questions ont été posées par Delphine Francey pour *La Liberté* et les cinq suivantes par Rémy Gilliand pour *La Broye Hebdo.* Sources : Francey, Delphine : « Booster les services cantonaux », *La Liberté* du 11 octobre 2016, p. 14 ; Gilliand, Rémy : « Ils sont cinq prétendants pour la course au Château. Maurice Bourqui », *La Broye Hebdo* du 13 octobre 2016, p. 11.

Quelle est votre politique concernant l'aménagement du territoire ?

Il ne faut pas bétonner et construire partout. On doit soutenir les communes pour qu'elles valorisent leurs zones industrielles et artisanales afin d'attirer des entreprises créatrices d'emplois. Je trouve tout de même dommage que la région se focalise exclusivement sur la zone de l'Aéropôle à Payerne, car il y a aussi du potentiel ailleurs.

Que feriez-vous pour dynamiser le développement économique et social du district ?

Concernant l'implantation de nouvelles entreprises, l'idée est de favoriser et faciliter les démarches administratives, éviter les lenteurs et essayer de booster les différents services - cantonaux. Le préfet doit démontrer aux autorités communales les contextes favorables à une implantation comme le développement des infrastructures.

Comment concilier les intérêts des petites communes sachant que le rapport de forces va changer avec Estavayer et Belmont-Broye ?

Cette réalité avec deux pôles dominants existait déjà mais dans une moindre mesure. Le préfet devra calmer les dominateurs et leur faire comprendre qu'il faut tous tirer à la même corde dans l'intérêt du district. J'estime important de prendre en compte l'intérêt des petites communes, la collaboration reste inévitable. Il faudra trouver des compromis.

Quelles fusions imaginez-vous dans le futur ?

Il faudra remettre sur les rails le projet entre Cugy, Ménières, Fétigny, Nuvilly et Les Montets. Je verrais aussi un rapprochement entre les enclaves de Cheiry, Prévondavaux, Surpierre et Villeneuve même si ces deux dernières viennent de fusionner. Un jour ou l'autre, Lully, Sévaz, Cheyres, Châbles et

Châtillon devront se rapprocher d'Estavayer. Même chose pour Gletterens, Vallon, Delley-Portalban et Saint-Aubin avec Belmont-Broye. Il resterait encore Montagny. Et dans un avenir plus lointain, il y aura deux grandes communes.

Vous soutenez l'implantation d'entreprises dans la Broye fribourgeoise. Que faites-vous du slogan intercantonal de la Coreb La Broye unie pour agir ?

C'est très bien de s'unir pour agir, mais on agit dans une certaine zone près de l'aérodrome de Payerne et on oublie le reste de la région. Je me demande parfois quelle est l'utilité de la Coreb. Celle-ci manque peut-être de visibilité.

Pourquoi êtes-vous candidat ?

Après plus de dix ans au sein du législatif de ma commune et après avoir expérimenté le législatif cantonal durant cinq ans, je connais les défis et les enjeux qui attendent la Broye et je suis prêt à les relever. Je souhaite poursuivre mon engagement politique pour défendre le bien commun et mettre sur la table les questions de politique sociale. Il reste encore beaucoup de dossiers à mettre en œuvre dans notre district, notamment dans la politique de la petite enfance ou dans celle des seniors. Ma candidature donne un choix plus large aux électrices et électeurs de ce district et offre la représentativité d'un maximum de sensibilités politiques.

Pourquoi faudrait-il voter pour vous ?

Parce que je suis convaincu de pouvoir défendre les intérêts des Broyardes et Broyards afin que notre district se développe de manière optimale en garantissant notre qualité de vie. Nous vivons dans une région magnifique qui mérite d'être préservée. Je souhaite pouvoir offrir à chacun des infrastructures de transport public efficaces, des places d'accueil extra-familial en suffisance et de qualité ainsi que des structures intermédiaires pour la prise en charge de la personne âgée. Les entreprises doivent pouvoir trouver dans notre district des conditions-cadres facilitant leur installation et leur développement. C'est pourquoi je m'engage à maintenir et renforcer les liens entre les différentes instances économiques et politiques tant au niveau communal qu'au niveau cantonal.

Si vous êtes élu, quel sera votre credo ?

Je souhaite parvenir à un développement harmonieux de cette région sans dénaturer l'essentiel : le bien-être de ses habitantes et habitants. Le préfet doit être le moteur économique et social de toute une région, en effet, des synergies entre les différents acteurs qui font notre belle Broye doivent être consolidées voire créées. A travers mon expérience associative, j'ai contribué à la réussite de différentes manifestations réunissant l'ensemble de la population de la Broye. Les liens intercommunaux doivent être encouragés sous l'impulsion du préfet, c'est à lui de fédérer les forces de ce district.

Quelle promesse pouvez-vous faire aujourd'hui à l'électeur et que vous êtes sûr de pouvoir tenir durant la prochaine législature ?

Je ne ferai aucune promesse, sauf celle de m'engager de tout cœur dans chaque projet, car je suis conscient que pour les réaliser, j'aurai besoin de plusieurs partenaires. Comme je l'ai déjà dit, je souhaite développer mon district de façon cohérente et respectueuse de l'ensemble de sa population. Une collaboration entre les autorités communales et cantonales est indispensable pour mener à terme les dossiers en cours comme la construction de l'EMS des Fauvettes, l'agrandissement de l'EMS des Mouettes et celui des Lilas, ou bien la construction du troisième CO à Cugy. C'est pourquoi il serait prétentieux de ma part de faire des promesses que je ne pourrai pas concrétiser seul! Enfin, je peux garantir à la population que je serai le fédérateur de toute une région. Je m'engage pour une Broye forte et solidaire.

Quelle importance accordez-vous à l'intercantonalité ?

L'intercantonalité est non seulement indispensable mais obligatoire pour parvenir à donner à notre région la place qu'elle mérite dans le canton de Fribourg comme dans celui de Vaud. Les projets que nous avons réussi à mettre en place (HIB, GYB) sont très souvent cités en exemple dans d'autres régions où les territoires cantonaux s'entrelacent. Nous avons su tirer profit de cette situation territoriale compliquée et en faire une force. Aujourd'hui, il est important de persévérer dans cette direction surtout dans des dossiers comme la mobilité, la formation et l'économie.

Annexe 3

Entretien avec Micheline Guerry-Berchier :
« Etre un promoteur économique »[1]

Comment valoriser la zone stratégique cantonale Rose de la Broye, à Lully, qui est en mains privées ?
Il faut procéder à une politique foncière active, c'est un défi majeur pour que le district se lève. Il faut convaincre les propriétaires de terrain en leur proposant des compensations puisque le site est en zone agricole, accélérer les procédures pour mettre en zone afin d'offrir un terrain et des accès prêts à accueillir des projets concrets.

Quelle est votre politique de l'aménagement du territoire ?
Il est essentiel que la Broye parle d'une même voix. Le travail du préfet consistera à défendre les intérêts broyards pour

---

[1] Les six premières questions ont été posées par Delphine Francey pour *La Liberté* et les cinq suivantes par Rémy Gilliand pour *La Broye Hebdo.* Sources : Francey, Delphine : « Etre un promoteur économique »», *La Liberté* du 11 octobre 2016, p. 15 ; Gilliand, Rémy : « Ils sont cinq prétendants pour la course au Château. Micheline Guerry-Berchier », *La Broye Hebdo* du 13 octobre 2016, pp. 10-11.

obtenir des zones d'activités d'importance régionale dans le cadre de l'élaboration du plan directeur cantonal. Mon souhait est de réunir les communes et les divers partenaires pour mutualiser les zones et les intérêts. Au préfet ensuite d'être le moteur et d'organiser un aménagement coordonné et harmonieux.

Que feriez-vous pour dynamiser le développement économique et social du district ?

Le préfet doit être un promoteur économique et inciter les entreprises à s'implanter et à créer des emplois. Il doit être entendu à Fribourg et au-delà des frontières. Les sociétés existantes doivent aussi pouvoir bénéficier de conditions-cadres, comme une mobilité performante et un soutien pour la compétitivité. Le cadre de vie doit être optimal. Il passe notamment par une amélioration des structures d'accueil extrafamilial, une école professionnelle intercantonale, le développement d'appartements protégés ou encore un centre sportif broyard.

Comment concilier les intérêts des petites communes sachant que le rapport de forces va changer avec Estavayer et Belmont-Broye ?

L'important sera de concilier les intérêts des dix-neuf communes. Il faudra repenser la représentation régionale au sein des comités et des assemblées des différentes associations intercommunales. Comment ? En se mettant autour de la table et en définissant un modus vivendi avec les nouveaux rapports de forces.

Quelles fusions imaginez-vous dans le futur ?

J'estime important que chaque commune se repose la question. S'il y a une volonté marquée, je les inciterai à poursuivre le projet. Partir sur une base volontaire est l'une des clés pour réussir une fusion. Il faut saisir la loi encore en vigueur pour repenser à un nouveau projet dont les périmètres pourraient être différents. Je ne souhaite pas mentionner de noms précis, mais je vois une Broye à deux ou trois grandes communes.

Votre ancien collègue de parti Nicolas Kilchoer se lance en indépendant. Comment vivez-vous cette candidature qui joue en votre défaveur ?

Elle ne joue pas en ma défaveur. Je constate que Monsieur Kilchoer n'a pas accepté la décision démocratique du PDC (Micheline Guerry lui a été préférée lors de la primaire, ndlr). Je suis sereine et j'ai confiance en mon parti. Lors de la primaire, j'ai incité mes partisans à soutenir Monsieur Kilchoer au cas où il avait été choisi comme candidat à la préfecture. Monsieur Kilchoer n'a visiblement pas fait le même choix.

Pourquoi êtes-vous candidate ?

Cette idée a grandi en moi depuis l'université. Un préfet broyard était invité à présenter sa fonction et les liens avec la formation de juriste. L'étincelle avait jailli et depuis, toutes mes activités ont tourné autour de cet intérêt: m'engager pour faire prospérer notre district, notre canton.

Pourquoi faudrait-il voter pour vous ?

Mes expériences et mon vaste réseau sont une préparation idéale à la fonction de préfet. Je la connais bien, car j'ai eu l'occasion de collaborer avec les préfets depuis près de quinze ans. J'ai un atout supplémentaire: je suis juriste et la plus grande partie des décisions comporte des aspects juridiques. Bon sens et pieds sur terre, ce sont là mes racines terriennes.

La fonction de préfet nécessite deux approches: une de dossier et une de terrain. C'est déjà ma façon de travailler dans mes mandats pour fédérer les communes, les conseiller au niveau politique, juridique (réseau santé, fusions).

Je suis active dans l'économie, je vis les défis quotidiens des PME tant dans le cadre de l'entreprise familiale que dans ma fonction de présidente d'une banque intercantonale.

Etre préfet, c'est être proche de la population. Ma famille est 100% broyarde, depuis plusieurs générations. J'ai grandi dans l'enclave d'Estavayer (Morens) et je vis à Saint-Aubin. Je suis engagée dans la vie associative, 30 ans de musique, passion que j'ai la chance de partager avec ma famille tout comme le sport. Et j'espère que les Broyards et Broyardes sauront se montrer audacieux en élisant la première préfète du canton.

Si vous êtes élue, quel sera votre credo ?

« La Broye se lève! » Pour que la Broye se lève, il faut qu'elle soit unie ! C'est la condition pour construire. Estavayer2016 nous a montré que les Broyards sont solidaires et qu'ils peuvent parler d'une seule voix. Je m'engage pour:

– Une région forte avec des collaborations efficaces et harmonieuses.

– Une économie prospère: en renforçant les conditions-cadres des entreprises existantes et en attirant de nouvelles places de travail sur sol fribourgeois.

– Une population heureuse: en offrant aux familles, des plus jeunes aux aînés, des infrastructures et un environnement de qualité.

Quelle promesse pouvez-vous faire aujourd'hui à l'électeur et que vous êtes sûr de pouvoir tenir durant la prochaine législature ?

Je m'engage à donner le meilleur de moi-même pour créer les conditions pragmatiques pour que la Broye parle d'une seule voix: conférence des députés, meilleure implication des partenaires concernés. Promouvoir l'uniformité des prestations entre toutes les régions, également périphériques, comme les appartements de seniors, la rénovation des EMS, les transports, les offres d'accueil, etc. Défendre les intérêts broyards dans le cadre du Plan directeur cantonal pour dégager les meilleures conditions à la prospérité économique. Progresser dans l'intercantonalité, en concrétisant un service d'aide et de soins mieux coordonnés. Rester audacieuse: comme l'ont montré les grands qui ont développé ELSA, HIB, GYB, Estavayer2016, Marmy Viandes, Soleol, Carbagas, Cantin SA, WAGO, le golf de Vuissens, etc.

Quelle importance accordez-vous à l'intercantonalité ?

L'intercantonalité doit devenir notre réflexe et même notre vertu. Les Broyards ont déjà réussi à construire ensemble et c'est là qu'ils ont été meilleurs. Nous avons encore de belles cartes à jouer. Pour les réaliser, il faut que la Broye se lève, et qu'elle se lève vite et unie !

Annexe 4

Entretien avec Nicolas Kilchoer
« Encourager les PME existantes »[1]

Comment valoriser la zone stratégique cantonale Rose de la Broye, à Lully, qui est en mains privées ?

Il faut que le canton reconnaisse l'importance de cette zone stratégique par rapport à son emplacement vers la sortie de l'autoroute et son accès au chemin de fer. Il est primordial de donner un coup d'accélérateur pour légaliser le secteur et le mettre le plus possible en main publique. Mon souhait est de fédérer tous les acteurs publics et privés, que ce soit les communes concernées, les propriétaires de terrain et le canton. Et de proposer des compensations.

---

[1] Les six premières questions ont été posées par Delphine Francey pour *La Liberté* et les cinq suivantes par Rémy Gilliand pour *La Broye Hebdo*. Sources : Francey, Delphine : « Encourager les PME existantes », *La Liberté* du 11 octobre 2016, p. 15 ; Gilliand, Rémy : « Ils sont cinq prétendants pour la course au Château. Nicolas Kilchoer », *La Broye Hebdo* du 13 octobre 2016, p. 10.

Quelle est votre politique concernant l'aménagement du territoire ?

Je trouve bien qu'on puisse tenter de concentrer l'habitat, les transports et l'emploi. En revanche, le canton de Fribourg est un canton rural, on pourrait peut-être appliquer la LAT fédérale avec des petites exceptions et pouvoir ainsi développer des zones industrielles sans être trop dogmatique. Car la loi fédérale a été faite pour des cantons ultra urbanisés. Il faut trouver un consensus avec les communes pour définir les meilleures zones à développer et proposer des compensations de terrain.

Que feriez-vous pour dynamiser le développement économique et social du district ?

Mon but est d'éviter les cités-dortoirs. D'abord, j'encouragerais et j'accompagnerais les PME existantes. Et pour ça, il y a un fond de développement régional, dont je fais partie, qui peut aider les PME à se développer. Après, il faut des infrastructures adéquates, comme le transport, et des zones à disposition. Il est important de mener une réflexion régionale sur les pôles industriels à développer. Côté social, la solution est de donner un coup d'accélérateur à la collaboration inter-cantonale pour les soins à domicile, le libre passage dans les EMS et l'extension du GYB.

Comment concilier les intérêts des petites communes sachant que le rapport de forces va changer avec Estavayer et Belmont-Broye ?

Cette situation existe depuis longtemps. Estavayer et Domdidier peuvent faire pencher la balance pour un projet. Les petites communes ont moins de poids et le savent. Elles doivent trouver leur voie dans ce système et opter pour des solutions originales en collaboration avec la région.

Quelles fusions imaginez-vous dans le futur ?

Les fusions doivent servir la population et permettre des synergies. Je prône les collaborations intercommunales. Si les communes veulent aller plus loin, c'est très bien et je vais les soutenir. Mais ce n'est pas l'objectif numéro un. Si les communes fonctionnent bien, il n'y a aucune raison de les forcer à se marier. Laissons-les se développer à leur rythme. Je comprends mal cette mode impérative de fusionner.

On vous sent critique vis-à-vis du canton alors que si vous êtes élu préfet, vous serez le relais cantonal. Prêt à vous rallier aux autorités cantonales ?

Le préfet a deux casquettes, celle de lieutenant du canton et de capitaine de la région. Je me concentrerai sur la promotion des intérêts de la Broye. Je suis certain que la collaboration avec le canton sera positive et constructive.

Pourquoi êtes-vous candidat ?

Parce que j'aime la Broye. Je suis prêt et motivé à m'engager pour ce district, plein de potentiel, de particularités et de promesses. De nombreuses choses ont été réalisées, mais il reste encore beaucoup à accomplir pour rassembler et dynamiser la région. Je souhaite être celui qui, par ses compétences et sa personnalité, contribuera à développer ses infrastructures, soutiendra son économie locale et la création de places de travail durables. Je désire mieux promouvoir les intérêts de la Broye auprès du canton et encourager les collaborations intercommunales et intercantonales. Globalement, je souhaite m'engager afin que la Broye reste une région où il fait bon vivre en évitant les cités-dortoirs et en impliquant tous les habitants (de Saint-Aubin jusqu'à Vuissens en passant par Montagny) dans le devenir de leur région.

Pourquoi faudrait-il voter pour vous ?

Pour mon indépendance et mon ouverture d'esprit: comme beaucoup, j'estime que le préfet n'est pas l'homme d'un parti mais celui d'un district. Le préfet doit être animateur et fédérateur de la région et ses habitants. Hors partis traditionnels, j'apporte un nouveau choix aux Broyardes et Broyards. Les bons résultats de préfets indépendants dans d'autres districts sont un exemple pour moi. On me reconnaît comme un homme de terrain, à l'écoute et au service des gens. Egalement comme porteur de projets et homme d'action, ainsi que je l'ai démontré pour la défense du Service médical d'urgence (SMUR), pour le HIB, la construction de l'EMS les Fauvettes, l'implantation d'un CO à Cugy, la cadence plus rapide des trains et les accueils extrascolaires. Mes fonctions de syndic de Châtillon et de membre de commissions de district m'ont donné une solide connaissance des besoins concrets des communes. Mon parcours professionnel – collaborateur au sein des Parlements fribourgeois et fédéral, cadre romand d'un établissement bancaire et directeur d'une PME – m'a permis de tisser un vaste et utile réseau économique, social et politique. Avec une formation en droit, économie et sciences politiques aux Universités de Neuchâtel et de Bâle, je suis bien armé pour la fonction.

Si vous êtes élu, quel sera votre credo ?

J'ai choisi comme slogan de campagne « Mon parti c'est la Broye ! » Mes principes d'actions sont les suivants: proximité, indépendance et engagement.

Quelle promesse pouvez-vous faire aujourd'hui à l'électeur et que vous êtes sûr de pouvoir tenir durant la prochaine législature ?

La mise à disposition d'appartements protégés pour les personnes âgées, l'intercantonalisation des soins à domicile entre la Broye vaudoise et fribourgeoise et l'extension du GYB. Je lancerai également le Prix à l'innovation broyard (PIB) dont une partie du financement sera prélevée de mon salaire.

Quelle importance accordez-vous à l'intercantonalité ?

L'intercantonalité est fondamentale pour une région spécifique comme la nôtre qui se situe à cheval entre deux cantons éloignés de leurs capitales. A l'image du HIB, du GYB et du SMUR, les soins à domicile broyards vaudois et fribourgeois méritent un rapprochement. Le libre passage entre EMS de la région doit également faire l'objet d'une décision des deux conseillers d'Etats en charge. A deux, on est toujours plus fort. Il ne faut pas craindre d'inventer des nouveaux modèles originaux de collaboration, pour le bien des habitants concernés. Cette vision demande engagement et courage, ainsi qu'un lobbying efficace auprès des autorités cantonales impliquées.

Annexe 5

Entretien avec Stéphane Mosimann
« Définir un plan de législature »[1]

Comment valoriser la zone stratégique cantonale Rose de la Broye, à Lully, qui est en mains privées ?

C'est la Coreb qui doit maîtriser cet aménagement. Le district, via les communes, devrait devenir propriétaire de cette zone. Pour y parvenir, il faut mener une discussion au sein de la Coreb et d'Ascobroye, donner un mandat clair de défendre les communes pour pouvoir travailler ensemble et avoir une vision opérationnelle. L'idée serait de définir avec les communes un plan de législature pour le district et d'y intégrer Rose de la Broye. Le but est de devenir des partenaires efficaces pour démarcher les propriétaires de terrains et les convaincre.

---

[1] Les six premières questions ont été posées par Delphine Francey pour *La Liberté* et les cinq suivantes par Rémy Gilliand pour *La Broye Hebdo*. Sources : Francey, Delphine : « Définir un plan de législature », *La Liberté* du 11 octobre 2016, p. 15 ; Gilliand, Rémy : « Ils sont cinq prétendants pour la course au Château. Stéphane Mosimann », *La Broye Hebdo* du 13 octobre 2016, p. 11.

Quelle est votre politique concernant l'aménagement du territoire ?

Chaque commune aujourd'hui travaille à son aménagement. C'est important d'avoir une vision au niveau du district. Le mandat d'Ascobroye doit être plus important tout en garantissant l'autonomie des communes. L'association doit être le lien pour assurer un aménagement harmonieux du district, en d'autres termes un juste équilibre entre l'agriculture, l'économie et l'habitat.

Que feriez-vous pour dynamiser le développement économique et social du district ?

En début de législature, il faudrait faire un état des lieux, une sorte d'assises de la Broye avec la Coreb, Ascobroye et la députation. Le but est de définir une vision et d'établir les objectifs. La solution doit venir ensemble. Mon souhait est de fédérer les communes tout en assurant leur autonomie.

Comment concilier les intérêts des petites communes sachant que le rapport de forces va changer avec Estavayer et Belmont-Broye ?

Jusqu'à aujourd'hui, on sentait bien au sein de l'Association des communes deux voix prédominantes: Estavayer-le-Lac et Domdidier. Le rôle du préfet sera désormais de trouver une nouvelle répartition des voix pour que chaque commune ait le même poids. Dans cette optique, il sera important d'organiser une conférence des communes pour trouver un compromis.

Quelles fusions imaginez-vous dans le futur ?

La fusion doit émaner de la population et les politiques doivent donner une direction. A très long terme, les petites communes ne sont pas viables. Il faudra passer par des stades intermédiaires, rediscuter des projets qui n'ont pas passé et les améliorer. Le plus important est de parler avec les autorités en place, d'établir les meilleures collaborations pour monter un projet viable. Dans environ vingt ans, je pense à un district à trois communes autour d'Estavayer, autour de Belmont et les enclaves.

Membre de l'UDC depuis cet été, partagez-vous ses valeurs ou est-ce une étiquette pour être élu ?

Je suis un pur UDC. Je suis contre une immigration à tout-va et une population qui soit assistée. En revanche, je suis pour que les personnes qui sont dans notre pays fassent l'effort de s'intégrer. Par boutade, je suis un UDC qui travaille parfois avec des méthodes de socialiste car j'aime bien que chacun ait son mot à dire.

Pourquoi êtes-vous candidat ?

Je veux proposer à chaque Broyarde et Broyard une démarche démocratique vécue et réussie dans la commune de Léchelles.

Il faut que notre district se donne les moyens de sa réussite, et pour cela il nous faut, à nous habitants de la Broye, un réel plan d'action, une vision à long terme.

Je n'apprécie que moyennement les manœuvres des partis politiques, et je préfère l'action de terrain.

Pour moi chacun a le droit à être traité égalitairement et dans le respect de notre législation, sans copinage, avantages ou autres, liés à son village, sa famille, son histoire.

Pourquoi faudrait-il voter pour vous ?

L'expérience réussie de la démarche démocratique et de l'application totale du plan de législature comme syndic de Léchelles.

– Un dévouement entier en faveur de la communauté comme syndic de 2011 à 2015 et comme conseiller communal depuis la fusion de Belmont-Broye m'a permis d'acquérir une bonne connaissance des besoins de la population.

– Une connaissance des besoins des communes et des contrariétés vécues quelques fois par elles face aux services cantonaux.

– L'engagement constant dans les commissions de bâtisse et sous-commissions utilisateurs des EMS Les Fauvettes et des Mouettes, (suivi de chantier, etc.) pour que nos aînés aient le confort adéquat. Une recherche assidue de solutions pour construire des logements adaptés.

– Je ne suis pas assujetti au landerneau politique, toutefois je revendique clairement un partage d'idées.

– Une proposition concrète d'une méthode de travail à l'écoute des besoins de la population, garante pour moi de la réussite démocratique.

– L'engagement assuré d'être le préfet de l'ensemble du district et non d'un parti, d'impliquer les citoyens, les élus, et les partis politiques à créer ensemble notre plan de législature et le mettre en application pour la réussite de la Broye.

– Mon indépendance familiale est gage de l'impartialité avec laquelle j'évolue dans mes mandats en faveur de la communauté.

Si vous êtes élu, quel sera votre credo ?

Vivre la Broye dans le respect de ses spécificités, tout en nous donnant les chances de réussir dans un élan démocratique !

Quelle promesse pouvez-vous faire aujourd'hui à l'électeur et que vous êtes sûr de pouvoir tenir durant la prochaine législature ?

Je m'engage à remplir mon mandat avec toute la force nécessaire pour que notre Broye reste une région où il fait bon vivre. Il faut la rendre encore plus dynamique et proactive et les décisions nécessaires seront prises. Cela, je m'y engage.

Quelle importance accordez-vous à l'intercantonalité ?

La spécificité de notre région fait que nous sommes appelés à travailler davantage avec notre voisin vaudois. Nous sommes donc dans une période charnière face à notre avenir, et l'intercantonalité a toute son importance dans notre région que cela soit pour le développement économique et le soutien à l'économie locale, mais également pour la santé, les soins à nos aînés, la culture, la mobilité.

Toutefois, comme préfet je ferais en sorte que notre voix de Broyard fribourgeois soit bien entendue.

Annexe 6

Entretien avec Micheline Guerry-Berchier et Nicolas Kilchoer durant l'entre-deux-tours[1]

Qu'est-ce qu'un bon préfet ?

Micheline Guerry-Berchier : Un bon préfet est quelqu'un qui est proche de la population. Il doit rassembler et fédérer pour que la région parle d'une même voix. Il doit également être un promoteur économique. Cette promotion comprend deux volets : le soutien aux PME en leur offrant des conditions cadres adéquates (accélération des procédures, par exemple) ; le second volet concerne l'implantation de nouvelles entreprises en mettant à disposition des terrains équipés.

Nicolas Kilchoer : Le préfet doit être un promoteur, mais il doit d'abord soigner les entreprises présentes et après faire de la promotion vers l'extérieur.

M. G.-B. : J'ajouterais qu'un bon préfet est un conseiller et un confident des communes, ainsi qu'un visionnaire. Il doit être le préfet de toutes et tous.

N. K. : J'estime aussi que le préfet doit être proche de la population et l'écouter. Il doit accompagner et fédérer les com-

---

[1] Les questions ont été posées par Delphine Francey pour le compte du quotidien *La Liberté*. Source : Francey, Delphine : « Duel au centre droit », *La Liberté* du 19 novembre 2016, pp. 16-17.

munes. Mais il doit également être capable de prendre des décisions de manière autonome au risque d'être en porte-à-faux avec des intérêts divergents. Le préfet doit aussi être rassembleur afin que la Broye parle d'une seule voix. Pour terminer, un bon préfet doit être libre de ses décisions pour mener ses actions à terme.

Vous estimez que le préfet doit être proche de la population pour répondre à ses préoccupations. Quelles sont-elles ?

M. G.-B. : Le manque de places de travail à haute valeur ajoutée et les transports publics. Les Broyards souhaitent aussi maintenir leur qualité de vie et être entendus à Fribourg, ce qui va de pair avec un développement économique et social adéquat.

N. K. : Je rejoins Madame Guerry. L'emploi est la préoccupation majeure, je l'ai déjà évoqué à plusieurs reprises. Il faut créer des places de travail pour que les Broyards aient moins besoin de penduler. Et disposer d'infrastructures en suffisance.

Quel sera le dossier phare de cette prochaine législature ?

N. K. : L'aménagement du territoire. L'utilisation des zones existantes et la légalisation de nouvelles zones sont les conditions cadres pour attirer de nouvelles entreprises.

M. G.-B. : Le développement et la promotion économique en soutenant les PME existantes et en créant des postes de travail afin de diminuer la pendularité.

En parlant de zones existantes, que faire du site d'Elanco à Saint-Aubin ?

M. G.-B. : Une des propositions parmi tant d'autres serait de développer un secteur agroalimentaire de pointe pour utiliser au maximum le savoir-faire agricole broyard.

N. K. : C'est une assez bonne idée, mais il faut que le projet soit en synergie avec les entreprises existantes.

M. G.-B. : C'est le but afin d'éviter des doublons.

N. K. : J'opterais plutôt pour l'étude de toutes les pistes plausibles en lien avec la vocation initiale du site, qui est la recherche sur la santé animale.

On a l'impression que l'intercantonalité profite surtout aux Vaudois. Comment comptez-vous inverser la tendance ?

N. K. : Il faut parler d'une seule voix pour être plus fort et travailler ensemble afin de renforcer la promotion. Nos deux associations de communes fonctionnent très bien. L'idée est d'accélérer cette collaboration.

M. G.-B. : Il est important d'arriver à un équilibre entre Vaud et Fribourg même si l'implantation d'entreprises dans notre région profite à tous les Broyards. Il faut continuer à construire ensemble tout en valorisant les terrains fribourgeois existants.

Faut-il donc renforcer l'intercantonalité ?

N. K. : Oui, clairement. Nous avons une Broye divisée en deux régions, qui peut être faible quand elle doit se défendre. Il faut tirer à la même corde si on veut des résultats. La Broye est forte quand elle est unie.

M. G.-B. : C'est mes mots, j'aimerais quand même les garder pour moi... L'intercantonalité est notre réflexe, mais doit devenir notre vertu. Et je maintiens mon idée d'organiser une conférence des députés qui permettrait à la Broye de parler d'une seule voix. Le processus doit être accéléré.

A vous entendre, vos points de vue sont davantage convergents que divergents. Un dossier qui vous différencie ?

N. K. : Les fusions de communes. Je vais toujours défendre la base et le point de vue de la région pour ensuite remonter vers le canton. Je serai clairement le représentant de la région. Là est notre différence principale d'ADN. Je ne pense pas que forcer la concentration de communes soit l'idéal. On a une vraie différence d'opinion, es-tu d'accord avec moi Micheline ?

M. G.-B. : Bien sûr. Mais on ne peut jamais forcer une fusion. Il faut une volonté des communes pour fusionner sinon le projet est voué à l'échec. Si j'ai piloté des fusions, c'est parce que des syndics sont venus me chercher. La tâche d'un préfet est de rassembler les intérêts, de conseiller les communes puis de convaincre la population.

Micheline Guerry-Berchier, être une femme, est-ce un avantage ou un inconvénient ?

Micheline Guerry-Berchier : Etre une femme, c'est une sensibilité différente dans l'approche des dossiers et dans la manière de les aborder. Nous avons une approche particulière qui permet aussi de pouvoir dénouer certaines situations. Un exemple concret: j'ai pu utiliser cette qualité dans le cadre du projet de fusion d'Estavayer. Durant les différentes phases de discussion, il y a aussi eu des blocages, j'ai pu amener la discussion sur un autre aspect, mettre tout sur la table et débloquer la situation. N'empêche que les compétences et l'expérience sont les conditions sine qua non pour être préfet. Je vais certainement jouer cette carte-là en tant que juriste, active dans l'économie et disposant d'un réseau solide.

Les Broyards ont eu pendant quinze ans un préfet juriste. En vous élisant, ils miseront donc sur la continuité ?

M. G.-B. : Pas nécessairement parce que je suis juriste active dans les domaines de prédilection d'un préfet. Je collabore étroitement avec les préfets depuis plus de treize ans, mais ma deuxième famille, c'est l'économie. J'ai un vaste réseau économique, très important pour un préfet car un magistrat doit être un promoteur économique, ainsi qu'un promoteur des structures sociales. Il doit être proche de la population comme je le suis en étant engagée dans la vie associative. Mes parents sont agriculteurs, j'ai un bon sens terrien et pragmatique. Si le futur préfet n'a pas une formation en droit, il faudra se demander s'il n'est pas nécessaire d'engager un troisième juriste.

Nicolas Kilchœr : Il y a déjà deux juristes à la préfecture, ce poste est bien représenté. Je rappelle que j'ai étudié le droit public à Neuchâtel et à Bâle. Et j'utilise régulièrement le droit dans ma commune.

Nicolas Kilchoer, après plus de vingt-trois ans au PDC, il vous a fallu seulement cinq mois pour changer d'idéologie ?

N. K. : Je n'ai pas changé d'idéologie, je suis resté un centriste engagé comme je l'ai toujours été durant mes mandats politiques (syndic, membre du comité d'Ascobroye, membre de la commission économique et commission des transports de la Coreb, etc.). A la question « Comment défendre la Broye le mieux possible ? » je me suis rendu compte que nous sommes dans une région spéciale – de par l'intercantonalité – qui a besoin de solutions spéciales. La réalité broyarde n'est pas toujours en phase avec l'intérêt du canton de Fribourg. Je considère qu'avoir une indépendance politique est une vraie force et un atout pour la région. En tant que préfet, je pourrai défendre la région de manière pragmatique, pour ce qu'elle est, avec ses spécificités et ses particularités. Je garde néanmoins certaines valeurs du PDC lors de pesées d'intérêts et de réflexion, mais ce sont surtout des valeurs de centriste et d'humaniste. Il y a des idées brillantes de la gauche comme de la droite. Etre indépendant me permet de choisir les meilleurs d'entre elles toujours selon l'intérêt général de la région et du bien commun pour la population.

Vous affirmez que le choix de l'indépendance vous a libéré. Qu'est-ce que vous osez dire que vous n'osiez pas auparavant ?

N. K. : Par exemple, je n'ai plus de problème à poser des questions telles que : « Qu'a fait la promotion économique fribourgeoise pour la Broye alors que les Broyards se sentent négligés? » Ou je vais oser demander, comme nouveau député, des comptes sur BlueFactory. Je souhaiterais connaître le retour sur investissement, le potentiel de réussite et la totalité des montants injectés jusqu'à ce jour.

Personne n'est parfait. Quel est votre principal défaut ?

M. G.-B. : Je suis un peu impatiente, j'ai tendance à vouloir que les choses avancent plus vite.

N. K. : Je parle trop vite, j'ai beaucoup d'idées qui me traversent l'esprit. Ce qui peut parfois user mon entourage.

Annexe 7

Résultats du premier tour

Localité	Bourqui	Guerry-Berchier	Kilchoer	Mosimann	Savary
Belmont-Broye	138	514	254	148	233
Bussy	7	53	35	7	41
Châbles	20	40	104	20	31
Châtillon	3	16	164	6	14
Cheiry	9	26	19	12	34
Cheyres	44	71	172	38	58
Cugy	31	122	119	25	288
Delley-Portalban	24	109	68	28	36
Estavayer-le-Lac	159	415	522	80	257

Fétigny	10	60	52	36	85
Gletterens	35	50	85	31	48
Les Montets	19	109	152	14	109
Lully	25	57	187	22	41
Ménières	9	33	26	9	56
Montagny	69	176	140	48	169
Morens	0	37	12	2	6
Murist	25	41	73	6	45
Nuvilly	13	38	24	9	36
Prévonda-vaux	3	2	3	5	10
Rueyres-les-Prés	6	38	43	12	24
Saint-Aubin	26	295	56	22	80
Sévaz	7	16	35	3	21

Surpierre	11	38	15	9	20
Vallon	11	29	25	7	22
Vernay	35	107	148	16	71
Villeneuve	8	21	18	20	4
Vuissens	2	42	15	4	14
Fribour-geois de l'étranger	29	23	7	22	9
Total	**778**	**2 578**	**2 573**	**661**	**1 182**

Annexe 8

Résultats du second tour

N. Kilchoer : 5 428 voix ; M. Guerry-Berchier : 3 371 voix

Localité	Guerry-Berchier	Kilchoer
Belmont-Broye	631	631
Bussy	64	85
Châbles	46	192
Châtillon	20	213
Cheiry	48	56
Cheyres	92	290
Cugy	162	427
Delley-Portalban	164	140
Estavayer-le-Lac	527	1 022

Fétigny	94	152
Gletterens	104	135
Les Montets	120	305
Lully	81	268
Ménières	47	74
Montagny	268	359
Morens	43	35
Murist	51	141
Nuvilly	49	71
Prévondavaux	4	18
Rueyres-les-Prés	50	99
Saint-Aubin	339	168
Sévaz	27	50

Surpierre	43	44
Vallon	41	70
Vernay	131	276
Villeneuve	35	42
Vuissens	43	40
Fribourgeois de l'étranger	47	25

Table des matières

Ouvrages d'Alain Chardonnens

Emmanuel Macron : Discours de la campagne présidentielle. Paris, L'Harmattan, 2017.

La généalogie de Barack Obama comme arme politique. Les origines fribourgeoises, alsaciennes, irlandaises et kényanes du 44ᵉ président étatsunien. Sarrebruck, Éditions universitaires européennes, 2017.

Les origines suisses, françaises, irlandaises et kényanes de Barack Obama. De l'utilisation de la généalogie en politique. Montréal, Presses universitaires du Canada, 2017.

Barack Obama à Cuba. Le rétablissement des relations diplomatiques entre Washington et La Havane. Paris, L'Harmattan, 2016.

Anthologie des écrivains et des voyageurs dans le canton de Fribourg. De la Renaissance à la fin du XIXᵉ siècle. Sarrebruck, Éditions universitaires européennes, 2016.

Le regard des écrivains voyageurs sur le canton de Fribourg. Anthologie XVᵉ-XIXᵉ siècle. Montréal, Presses universitaires du Canada, 2016.

Alexandre Dumas : *Jane.* Montréal, Presses universitaires du Canada, 2016.

Alexandre Dumas : *Impressions de voyage en Suisse. Tome 1 : En Suisse romande et dans les cantons alpins.* Paris, L'Harmattan, 2015.

Alexandre Dumas : *Impressions de voyage en Suisse. Tome 2 : Du lac des Quatre-Cantons au Tessin.* Paris, L'Harmattan, 2015.

La campagne présidentielle de Barack Obama à travers les caricatures (2008). Montréal, Presses universitaires du Canada, 2015.

Alexandre Dumas : *Napoléon.* Paris, L'Harmattan, 2015.

Alexandre Dumas : *Octave Auguste.* Paris, L'Harmattan, 2014.

Barack Obama : *Discours de la première année de présidence (2009).* Paris, L'Harmattan, 2013.

Carsten Niebuhr : *Voyage en Arabie heureuse et autres pays de l'Orient, tome 1, 1761-1767.* Vevey, L'Aire, 2012.

Alexandre Dumas : *La Terreur prussienne. Épisodes de la guerre de 1866.* Paris, L'Harmattan, 2012.

Antoine-Henri Jomini : *Souvenirs de la campagne de Russie (1812).* Sarrebruck, Éditions académiques francophones, 2012.

L'élection d'Alain Berset au Conseil fédéral (2011). Une revue de presse. Sarrebruck, Éditions universitaires européennes, 2011.

Histoire de la dernière exécution capitale à Fribourg (1902). Récit de Louis Comte, médecin-adjoint de la préfecture de la Sarine. Sarrebruck, Éditions universitaires européennes, 2011.

Une histoire des relations internationales de 1933 à 1957. De la chute de la République de Weimar à la signature du traité de Rome. Sarrebruck, Éditions universitaires européennes, 2010.

Quand Barack Obama, chef de guerre, obtient le prix Nobel de la paix. Sarrebruck, Éditions universitaires européennes, 2010.

Barack Obama : les 100 premiers jours. Paris, L'Harmattan, 2010.

Barack Obama : *La Promesse de l'Amérique.* Paris, Buchet-Chastel, 2009.

Le passage de Napoléon Bonaparte à Moudon, Domdidier et Morat en 1797. Etude de la formation de la légende napoléonienne en milieu rural. Fribourg, Société suisse d'études napoléoniennes, 2008.

Antoine-Henri Jomini : *Recueil de souvenirs pour mes enfants. Volume 1 : Des premières années à la Guerre d'Espagne.* Payerne, Société suisse d'études napoléoniennes, 2008.

Les batailles d'Eylau (1806) et d'Iéna (1807) racontées par le général Antoine-Henri Jomini. Fribourg/Paris, Société suisse d'études napoléoniennes, 2007.

Benjamin Franklin : *Vie de Benjamin Franklin écrite par lui-même.* Fribourg, Société fribourgeoise d'archivistique, 2007, coll. « Memoria americana », n°1.

Une alternative à l'Europe technocratique : le Centre européen d'études burgondo-médianes (1958-1983). Bruxelles/Neuchâtel, Centre européen d'études bourguignonnes, 2005.

Mémoires de Georges Demierre, capitaine fribourgeois au service des Bourbons et de Napoléon Ier. Essai de reconstitution d'une carrière. Fribourg, Presses de Fribourg, 2005.

Formation supérieure, violence juvénile et engagement citoyen : un état des lieux dans la Broye. Fribourg, Presses de Fribourg, 2004.

Expo.02 racontée à mon fils. Fribourg, Éditions Faim de siècle, 2002.

Guide du Pays des Trois-Lacs et de l'Expo.02. Un itinéraire culturel et anecdotique. Vevey, Editions de l'Aire, 2002.

Du missel à l'ordinateur. Le canton de Fribourg d'après les récits de voyageurs, de Machiavel à Emile Gardaz. Fribourg, Presses de Fribourg, 2001.

Le jeune Denis de Rougemont contre l'école-prison, essai suivi de La construction européenne selon Denis de Rougemont et Gonzague de Reynold. Vevey, Editions de l'Aire, 2001

Une histoire de Domdidier. Estavayer-le-Lac, Imprimerie Butty, 2000.

Les murs ont la parole ! Histoire originale d'un bâtiment centenaire, de l'Hôpital cantonal à l'Ecole cantonale de degré diplôme. Fribourg, Cataractes éditions, 1998.

1848-1998 : le district de la Broye a 150 ans. Estavayer-le-Lac, Ascobroye, 1998.

Articles

« Polémique autour d'un bifteck d'ours à Martigny », in : *Passé Simple. Mensuel romand d'histoire et d'archéologie.* Décembre 2016, n°20, pp. 15-17.

« Mes relations avec Mussolini ». Gonzague de Reynold et le Duce (1925-1926, 1940) » in : *Clio dans tous ses états*

(Éd. Alain-Jacques Czouz-Tornare et Maryse Oeri von Auw). Gollion, Infolio éditions ; Pregny-Genève, Éditions de Penthes, 2009, pp. 547-562.

« Les archives de la SCTF », Société cantonale des Tireurs fribourgeois », in : *Freiburger Kantonalschützenverein, 1831-2006, 175 ans SCTF, 175 Jahre FKSV.* Fribourg, SCTF/FKSV, 2007.

« Les terribles souvenirs d'un élève traumatisé : Denis de Rougemont et l'école-prison de Couvet », in : *Denis de Rougemont et l'école. Les enjeux actuels d'un pamphlet de 1929.* Fleurier, Imprimerie Montandon, coll. « Les cahiers du Val de Travers », n°6, 2006, pp. 29-33.

« Les idées européennes de Denis de Rougemont, une gloire posthume ? Pour ouvrir le débat », in : *Pour mémoire. Les Romands et la Gloire.* Actes du Colloque de Lausanne du 17 novembre 2001 publiés par Jean-Daniel Morerod avec l'aide de Nathan Badoud. Lausanne, Société d'Histoire de la Suisse romande, 2006, pp. 231-258.

« Ancien Régime : récits de voyageurs », in : *Cahiers du Musée gruérien. Revue d'histoire régionale.* Bulle, Société des Amis du Musée gruérien, 2000, pp. 15-20.